思い通りの人生を
手に入れる

引き寄せ
ハンドブック

奥平亜美衣 監修

日本文芸社

はじめに

「引き寄せ」ブログを書き始めて2年半、また「引き寄せ」本の1冊目『「引き寄せ」の教科書』（アルマット）を出版してからは、1年半が経ちました。

私自身の人生も、毎日に不満を感じていた普通の会社員から、好きなことを仕事にして、望むものは何でも引き寄せて、毎日が楽しくて仕方ないという生活へと激変しましたが、ブログや著作を読んでくださった読者の方々からも、本当に数えきれないほど多くの、「現実が変わりました」「夢がかないました」「毎日が楽しくなりました」などの喜びのメッセージを頂き、とてもうれしく

思います。

一方で、「引き寄せ」を誤解している人もまだまだ多いなあ、ということも感じています。

「引き寄せの法則」というと、何か外にあるものを自分に引き寄せて、望みをかなえる、幸せになる、また、何かを強くイメージングしてそれを引き寄せる、ということを思い浮かべる方も多いのではないのでしょうか。

しかし実は、「引き寄せ」をそのように考えていると、いつまで経っても「引き寄せ上手」にはなれません。

「引き寄せの法則」というのは、今の自分の心の状態と同じものを引き寄せる、という法則なのです。外から何かを持ってきて幸せになろうとするのではなくて、今の生活の中に、「幸せ」や「いいこと」を自分から探していくことから始まります。自分が、「幸せ」をたくさん感じるようになると、どんどんとさらなる「幸せ」を引き寄せていけるようになるのです。

そのことが本当にわかってくると、望む現実を引き寄せる、ということは難しいことではなくなってきます。

本書では、「引き寄せ」のエッセンスを抽出し、自分次第で、自分の望む人生を創っていく、その方法を図解を含めて、わかりやすく簡潔にまとめました。

本書の内容を実践し始めると、本当に、あなたの現実が変わってきます。今まで苦手だな、と思っていた人が急に優しいことを言いだしたりします。達人になってくると、「こうしたいなあ」と思い浮かべたことにぴったりの人や出来事を引き寄せたり、「次はこれかなあ」と思うと、偶然を装ったように、その情報や人やものが寄ってきたりと、信じられないことが起き始めます。

そして、あなたの周囲には、あなたと喜びを分かち合える人たちがどんどん増えていくでしょう。

そんな人生を手に入れることは、誰にでも可能です。望みをかなえる、幸せを引き寄せるということは、あなたが思っているよりも、ずっとずっと簡単なことなのです。

「引き寄せの法則」を意識して、望み通りの人生へと、是非、一歩踏み出してみてください。

奥平　亜美衣

引き寄せハンドブック　目次

Chapter. 3 自分を好きになると引き寄せが加速する

Chapter. 4 あなたがかなえたい本当の望みは何ですか？

Chapter.1

誰もが人生を変える
パワーを持っている

Chapter. 1

1 「引き寄せの法則」をあなたはすでに体験している!?

同調するものが集まる「類は友を呼ぶ」現象

誰もが望む方向に人生を変えることができる「引き寄せの法則」。職業やパートナー、環境や金銭的なものまでも「自分の思考や感情と同調する性質を持つ人や出来事を引き寄せる」ということがこの法則の基本です。

ただ「引き寄せの法則は知っているけれど、イマイチ信じることができないし、うまくいかない」と感じる人も多いようです。でも、実はそういう人でもこれまで何度となく「引き寄せ」を体験しています。たとえば、親しく

「類は友を呼ぶ」現象も引き寄せ？

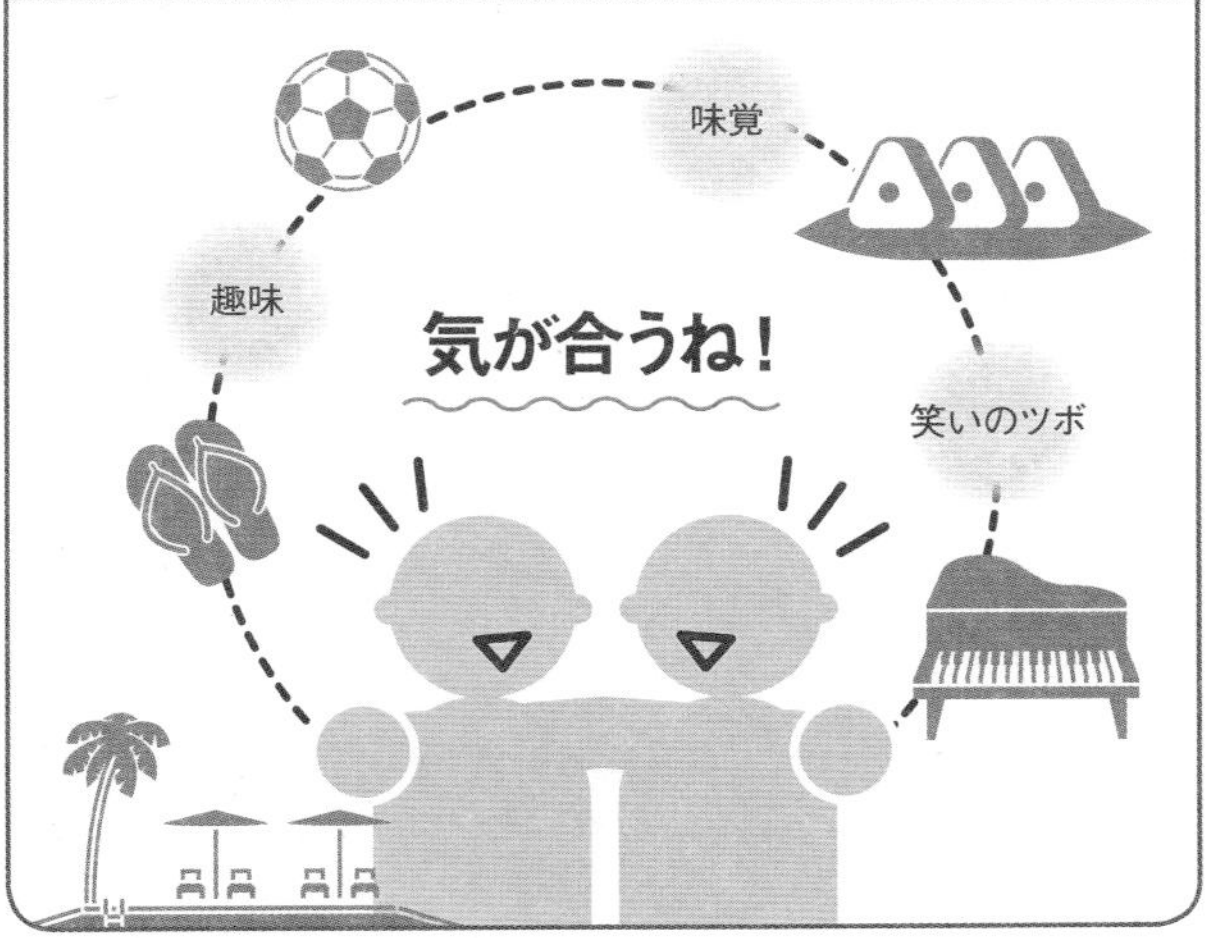

している人たちが自分と似たような嗜好《しこう》だったり、つき合う恋人のタイプが毎回よく似ているなんていう経験はありませんか？　よくいわれる「類は友を呼ぶ」現象、これこそまさに引き寄せの法則が働いている証拠。似たような人や出来事が集まるのは偶然ではありません。あなたが引き寄せているのです。

目の前の現実は、あなたの思考が創ったもの

あなたが引き寄せているのは、同じ趣味や感じ方を持つ人だけではありません。今あなたの目の前にある現実も、あなたが引き寄せたものです。あなたがよく考えていること、そうと信じて疑っていないことが、目の前で展開しているのです。ちなみに今、あなたの頭を悩ませるものは何でしょうか。

「上司が無理なことばかり言う」
「収入が増えない」
「夫が育児に協力してくれない」

悩みや不満は人それぞれです。たとえば、上司に無理なことばかり言われ、辟易《へきえき》しているあなたは、「上司が無理なことばかり言う」と思っていますね。そして実際、「無理なことばかり言う上司」が悩みの種として存在しています。

あなたの思い通りになっているのです。

また、あなたは残業もしてがんばっているのに収入が増えないと悩んでいるとします。あなたは日々「がんばっても収入が増えない」と思っています。そして現実にも「収入が増えていない」。これもあなたの思い通りです。

あなたの目の前の現実は、あなたの望み通りにはなっていないかもしれませんが、あなたの思い通りに創られています。**まずは「今現在の目の前の現実と自分の思考が一致している」ことを理解し、本当の意味で思い通りの人生を送る方法を模索していきましょう。**

Point

あなたの思いに同調したものが実現する世界
すべてはあなたの**思い通り**

Chapter. 1

2 あなたが変われば現実が変わる

思考と現実を一致させる「波動」

なぜ自分の思考と目の前の現実が一致するのでしょうか。それはあなたの体が発する見えない「波動」が現実を引き寄せているから。視線を感じて振り返ったり、誰かのことを考えていたら着信があったりという経験がある人も多いと思いますが、それも私たちが発する波動によって起こることです。

あなたの波動が宇宙に発せられると、**いい波動はいい現実を、悪い波動は悪い現実を引き寄せます。**ちょうどラジオを聴くときに、聴きたいラジオ局

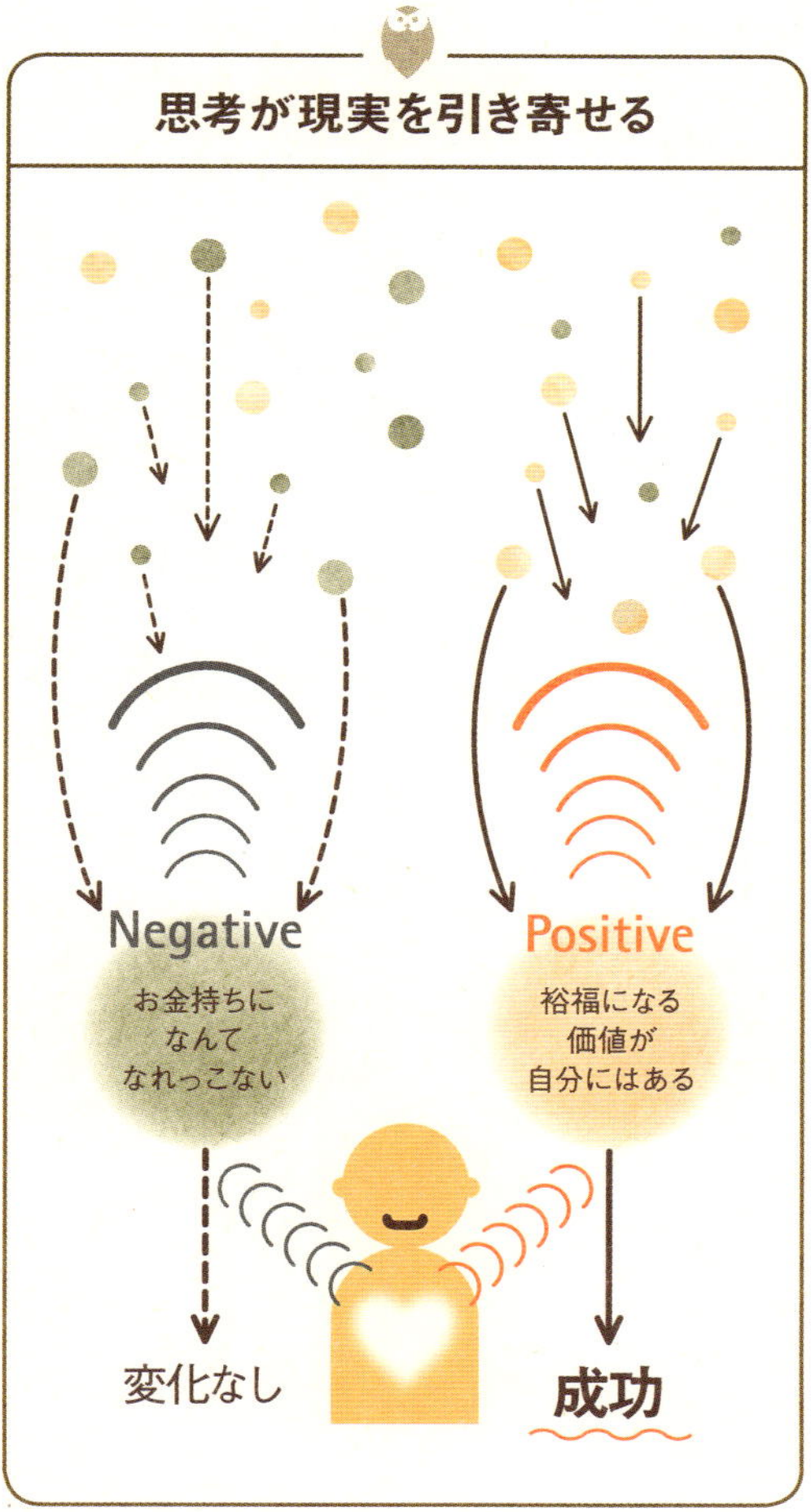
思考が現実を引き寄せる
Negative
お金持ちに
なんて
なれっこない
Positive
裕福になる
価値が
自分にはある
変化なし
成功

の周波数にチューニングすると番組を受信できるのと似ています。波動にぴったりと合うものをあなたが引き寄せているとイメージしてください。

宇宙は波動を正確に映す巨大な鏡

宇宙は波動を映す鏡のような存在です。「すべてはひとつである」という言葉を聞いたことはありますか。これはすぐに実感するのは難しいかもしれませんが、あなたも宇宙と一体であり、あなたが発するものは宇宙にそのまま影響を与えるということです。この地球には多くの人がいて、多くの国があり、宇宙は果てしなく広い。一見すべての要素はバラバラに見え、ピンとこないかもしれませんが、**確かに宇宙はあなたの波動に正確に反応しているのです。**

あなたが出す波動は、あなたの気分や感情によって変化します。気分がいいときはいい波動を出し、嫌な気分のときは悪い波動を出しています。では、「気分」とは何によって決まるのでしょうか。「部長に怒られた」とか「財布をなくした」とか、自分の身に起こったことや、他人からされたことで決まるのでしょうか？　答えは「あなたが今考えていること」です。
嫌なことがあっても、上手に気分を切り替えることができれば「嫌な気分」から抜け出すことができますが、起こった嫌な出来事のことばかり考えて、「嫌な気分」に浸り続けることもできます。思考の向け方次第であなたはいい気分にも嫌な気分にもなれるのです。思考から感情や気分が生み出され、その気分が波動を創り、その波動が現実を引き寄せる。これが「思考が現実化する」流れです。**あなたが現実を変えたいと思うとき、まず変えるべきなのはあなたの「今の思考」。あなたの思考が変われば、次の現実が変わるのです。**

Point

現実を引き寄せるのは、思考が生む波動

あなたが変われば次の現実が変わる

Chapter. 1

3 引き寄せの法則が働くしくみ

本来あなたは幸せであり、豊かであるのが自然の状態

「引き寄せの法則」は、ラジオのチューニングに似ていると紹介しましたが、改めてそのしくみを考えてみましょう。前述のように「すべてはひとつ」であり、生命のすべてはエネルギーの源につながっています。エネルギーの源とはSource（ソース、源）、Something Great、神、大霊、一なるものなどと呼ばれるもので、常に愛と豊かさに満ちています。こうした話はすぐには信じられないかもしれません。でも「引き寄せ」を実践していくと実感でき

るようになりますので、まずは先に進みましょう。

さて、**エネルギーの源である宇宙からは常に愛と幸せと豊かさの無限のエネルギーが流れてきています。**そのため、本来あなたは幸せであり、豊かであるのが自然な状態です。でも毎日の暮らしの中で「豊かさ」や「幸せ」を実感できない人もたくさんいます。それは「見えないザル」のせい。

ザルの目を広げ、宇宙のエネルギーを受け取る

人間は誰でもその人ならではの「思いぐせ」を持っているものです。ここを頭の上にある「見えないザル」とたとえましょう。そしてこの見えないザルが宇宙からのエネルギーの流れの調整弁になっていると考えてください。

あなたが「いい気分」でいると、ザルの目が開いて、宇宙からのエネルギー

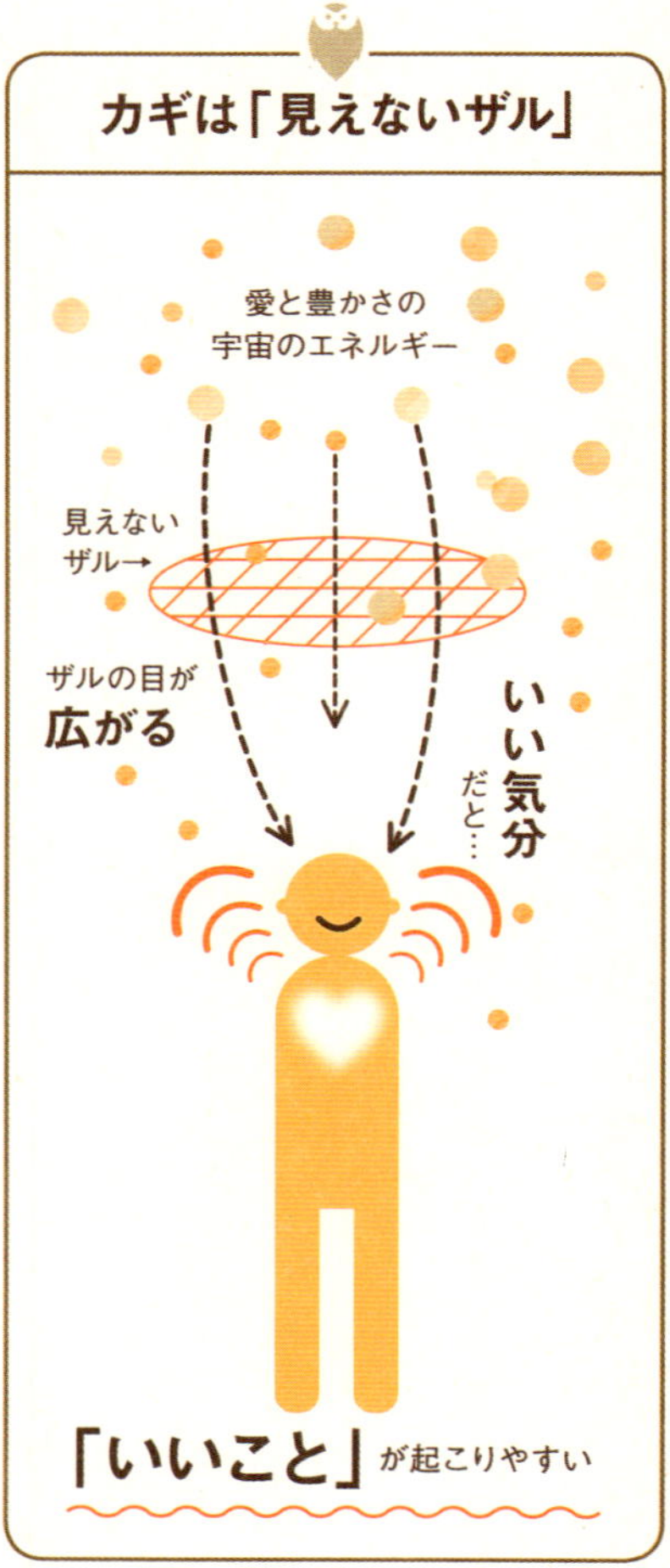

の恩恵を受けやすい状態になります。それはあなたの波動が宇宙からのエネルギーと質が近いものとなり、宇宙に同調しようとするためです。逆に嫌な気分になるとその波動は源からの波動と異なるので、ザルの目は閉じてしまい、宇宙のエネルギーを受け取りにくくなります。「引き寄せ」の基本とは、

このように宇宙から流れてくる幸せと豊かさのエネルギーをたっぷり受け取れるように、自分の状態を整えておくことだといえます。

だから、引き寄せの法則のしくみは実はとてもシンプル。**「いい気分」になるとザルの目が広がる。すると宇宙からの愛と豊かさのエネルギーを受け取れる量が増えていいことが起こる。ザルの目を広げれば、その先には愛にあふれるエネルギーが豊富にあります。**あとはあなたがいい気分でいられるようにすれば良いだけ。そのためにはいい気分でいられる思考を選ぶことが大切になってきます。その方法を次の章で詳しく見ていきましょう。

Point

「いい気分」で宇宙のエネルギーを受け取ると恩恵を受け、**いいことが起こりだす**

Column

引き寄せ力をアップさせる習慣 ❶

朝 起きたときに、今日をどんな日にしたいか考えてみる

朝起きたとき、今日一日をどんなふうにしようかと考えたことはありますか？　「もうちょっと寝ていたいな」とか「早く着替えなくちゃ」「今日は朝礼の日だ！」などと考えながら、時間に追われ、何となく生活を始めてしまったりしませんか。

引き寄せ力アップのためには、朝起きたとき今日一日をどんな日にしたいか宣言する習慣をつけましょう。

「笑顔あふれる一日に一日にする」

「今日はいろんなものに感謝の気持ちを持つ」

「自分の好きなことをする時間をつくる」

こんな感じで、どういう風に過ごしたいかはっきり宣言すると、あなたの思考の鏡である宇宙はその願いをかなえようと動き始めます。あなたの決定に従って助けてくれたり、ヒントをくれたりするのです。

ぜひ明日から朝の宣言を始めてみてくださいね。

Chapter.2

すべては「いい気分」でいることから始まる

Chapter. 2

1 「いい気分」が「引き寄せ」を正しく働かせる

イメージするだけでは、物事は実現しない

「引き寄せの法則」とは、自分の波動と同じ波動を持っている物事が自分に引き寄せられるという法則です。だからあなたが幸せを引き寄せたいと考えるなら、まずあなたが幸せである必要があります。「いい気分」でいることで**いい波動を発せられ、同じ波動の物事があなたに引き寄せられるからです。**

これまで欲しいものや実現したいことをイメージすることで引き寄せに挑戦し、うまくいったという人もいれば、いかなかったという人もいるでしょう。

うまくいかなかった場合の原因のほとんどは、いい気分で過ごすことをなおざりにしていたためなのです。

「新車」や「恋人」は、幸せに直結しない

また「いいこと」がなければ幸せになれないと思っている人もいるかもしれませんが、いいことがあなたを幸せにするのではありません。たとえば新車を手に入れたり、恋人を見つけたりすることで幸せになれるでしょうか。

あなたは車を手に入れ、しばらく新車との生活を楽しみますが、次第に慣れて、飽きがきて不満をいだくようになるでしょう。素敵な恋人ができて幸せだったのも束《つか》の間、恋人はあなたの望まない言動をとるようになり、あなたは恋人に対し不満だらけになってしまう。よくあることですね。**ものや出**

来事は必ずしも「幸せ」と直結するわけではないのです。

あなたを幸せにするのはあなた自身

あなたを幸せにするのは、あなた自身です。あなたが、あらゆるものに幸せを見つけたり、自分のいい面を探して認めていき、あなたが幸せに

「いい気分」が「いいこと」を引き寄せる

自分に合った
仕事
いい
人間関係
いい気分
新しい
夢
理想の
住まい
周囲に幸せを探し、
自分のいい面を認め
幸せになる

なると、「いいこと」が引き寄せられてきます。**「引き寄せ」は、毎日の生活、目の前の現実、そして自分の人生に対する姿勢であり、ものの見方、生き方そのものなのです。自分をよく知り、自分の現実の中に幸せを探していく作業ともいえます。**その過程で自分の素晴らしさや人生の素晴らしさに気づくと、自分の望む方向へと人生を変えていくことができるのです。そのスタートが**「いい気分」を保つこと。いい気分でいることで引き寄せの正の連鎖が始まります。あとはあなたの心がけ次第。**誰かや何かに幸せにしてもらうのを待つのではなく、まず「自分で幸せになる」ことを決意しましょう。

Point

あなたに**幸せ**をもたらすのは
ものや出来事ではなく
「あなた自身」

Chapter. 2

2 「いい気分」は自分で創るもの

自分の思考を自分で選ぶことで、未来が創れる

あなたの思考の選択権はあなたが握っています。あなたは思考の選び方次第で、「いい気分」にも「嫌な気分」にもなれます。たとえば誰かに「あなたって仕事が遅い」と言われたとき、普通はムカムカしたり落ち込んだりして終わってしまうでしょう。このような状態ですと宇宙からのエネルギーが受け取れないので、自然と「いいこと」は起こりづらくなってしまいます。そんなときでも引き寄せの法則を知っていれば、より良い思考の選択ができ、よ

り良い未来を創ることができます。**キツい言葉を投げかけられたようなときも、実はあなたには多様な思考の選択肢があります。**

①「私は仕事が遅くて、みんなの足を引っ張っている」
②「あんなことを言うなんてひどい人だ」
③「あの人だって締め切りを守ってなかったくせに」
④「あの人は私のことをわかっていない」
⑤「あの人、何か急いでいたのかな」
⑥「あれはあの人の意見。私は丁寧に仕事をしている」

どれを選ぶのもあなたの自由です。起きてしまった出来事に対し怒ったり自分を責めたりして、ますます自分を追いつめるのも、無理がない範囲で納得できる思考を選ぶのも、あなた次第なのです。**思考が現実を創るので、「思考を意識的に選択する」ことで、未来は確実に変わっていきます。**

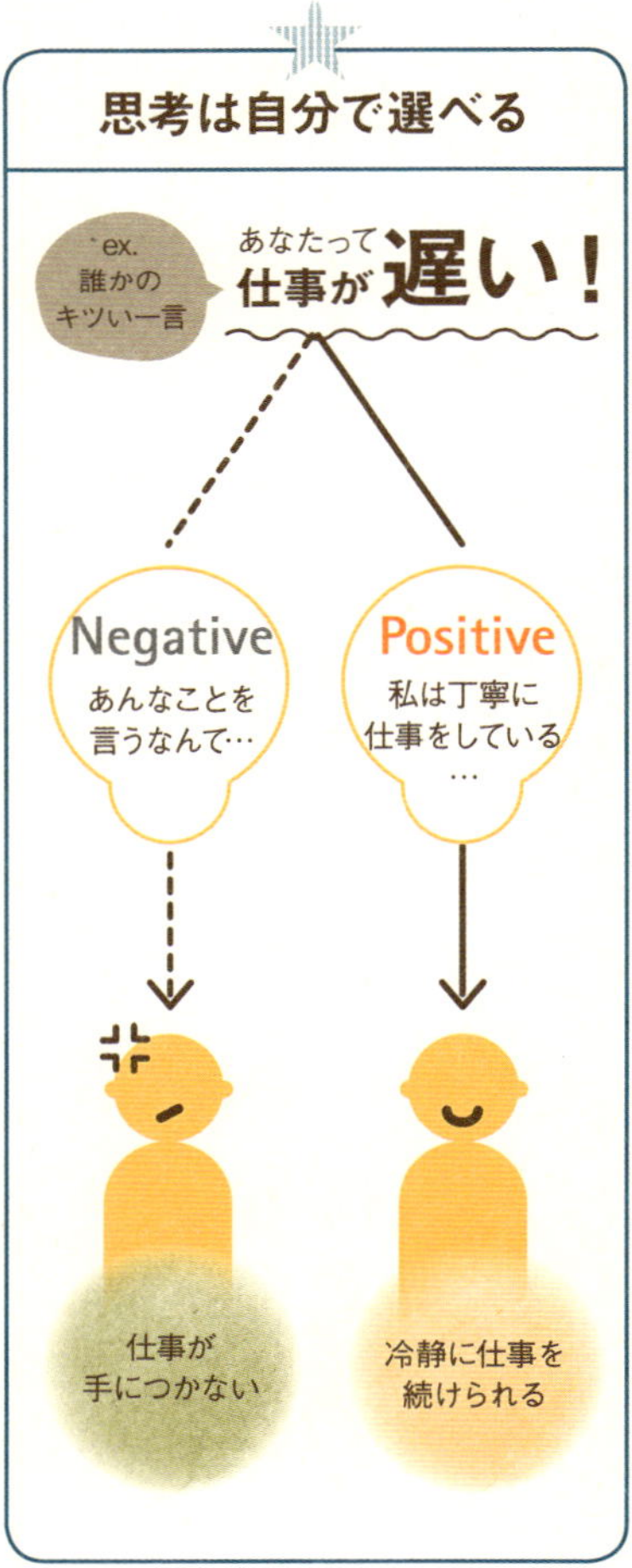

悲劇の主人公を卒業し、「いい気分」を選ぼう

一般的に人は、自分に降りかかる出来事に対して心が反応するままに任せると、ネガティブ思考に傾きやすいものです。これは、人は悲劇の主人公を

演じるのが好きな性質があるため。しかし、自分が抵抗を感じない範囲でプラスの思考を選択することを心がけていると、プラス思考の選択肢をどんどん思いつくようになります。そして**「いい気分」でいられる時間が増えてくると、あなたの頭上のザルの目が開いて、いいことが起こりやすくなります。**

さて、29ページの例では、①～③よりは④～⑥を選ぶほうが、幾分心地いい感情をもたらしてくれそうですね。このように、思いつく中でできるだけ心地いいもの、気持ちが落ち着く考えを選べば良いのです。**今よりほんの少しいい気分になれる選択肢を選ぶクセをつけていきましょう。**

Point

「いい気分」になれる思考を選ぶクセをつける

Chapter. 2

3 「いいことノート」をつけてみる

「いいこと」は書き出して、読み返してみる

ここまで、物事に対して自分が思いつく範囲の中で気分が良くなる思考、気持ちが落ち着く思考を選ぶという引き寄せの方法を紹介してきました。では、今あなたの抱えている不満を改善するためにはどうすれば良いでしょうか。

引き寄せの考えでもっとも重要なのは、「自分にないものは引き寄せられない」ということ。自分が現実を創っているので、今の状況を改善したければ、**小さいことで良いので現状にいい面を見つけ、幸せを感じることが必要です。**

これは頭の中で考えるだけでなく、書き出してみるとさらに効果的です。小さなノートを買い「いいことノート」と名づけ、あなたが少しでも「いい気分」になれる側面を書き出して、読み返す作業をやってみてください。

今の自分の環境の中から「いいこと」を書き出す

あなたは勤めている会社に不満を持っているとしましょう。**でも少しは「いいな」と思える点を見つけて、いいことノートに書き出します。**「会社に不満はあるけれど同僚とは気が合う」、「社食はおいしい」、「帰りに買い物が楽しめる」など。いいことを書き出して、ちょこちょこ読み返すようにしましょう。

会社のいい面を探すのは、嫌なところに留《とど》まらなくてはいけないということではなく、嫌な現実をあなたにとっていいほうに変えていくための作業です。

Let's TRY

「いいことノート」をつけてみよう！

あなたが今
不満を持っていることの
中からいい面を探して、
ノートに書き出してみましょう

例：課題：職場に不満がある

★ 同僚とは気が合う

★ 社食はおいしい

★ 帰りに買い物が楽しめる

あなたの「いいこと」ノート

課題：

★

★

★

★

★

★

★

★

★

★

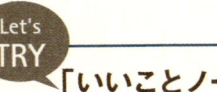

いい面に思考を向けると、必ず現実が変わる

いい面に思考を向けると必ず現実は変わります。たとえば自分が行きたかった場所へ出張に行けたり、企画案が通ったりといったことが起こってきます。

これは、家庭環境への不満や、配偶者や恋人への不満など、何にでも使えます。**不満材料の中にいいことを探して、書いて読み直すことで、思考がプラスに変化していくからです。**いいことノートはぜひ1度やってみてください。あなたは、2週間～1か月で、現実が好転していくことに気づくはずです。

Point

「いいこと」を**書き出していく**と
いい面に思考が向き、現実が大きく変わる

Chapter. 2

4 「いい気分」になれないときは 気分転換も大事

不愉快な出来事は、自分の望みを知るチャンス

毎日の暮らしの中で不愉快な出来事や不愉快な人に出会ったら、これからは「大きなチャンス」と思ってください。それは**「あなたの望みをはっきりさせるチャンス」**。**あなたが不愉快に感じるのは、そこにあなたの望まないことが隠れているため。そして、その反対側にあなたの望みがあります。**

たとえば、職場の同僚が仕事仲間の悪口を言っているのを聞いて、あなたは不愉快になりました。その裏にあるあなたの望みは「仲間同士、誠実に相

手を認め合って仕事をしたい」ということになります。また配偶者が貯蓄のためのお金を使ってしまったため、あなたは不機嫌になりました。なぜなら「相談し合える夫婦関係」と「経済的なゆとり」があなたの望みだからです。

不愉快な出来事に遭うと嫌な気分になるものですが、**冷静になってその反対側にあるあなたの望みは何なのか考えてみましょう。そのうちに嫌な気分は薄れ、意識に望みがクローズアップされてきます。望まないことではなく、望むものに意識を向ける。それがあなたの望みをかなえる第一歩です。**

「いい気分」になれないときは気分転換をする

それでも最初はなかなか「いい気分」になるのが難しいこともあるでしょう。

そんなときは、とりあえず目の前のことは忘れ、気分転換をしましょう。美術館で美しい絵画に触れたり、映画館へ行って見たかった映画を見るのも良いでしょう。おいしいものを食べて幸せになったり、美しいものを見て感動するだけで、あなたの頭の上のザルの目は広がる方向へいきます。人間は幸せや喜びを味わいながら、同時に嫌な気分やストレスを感じることはできな

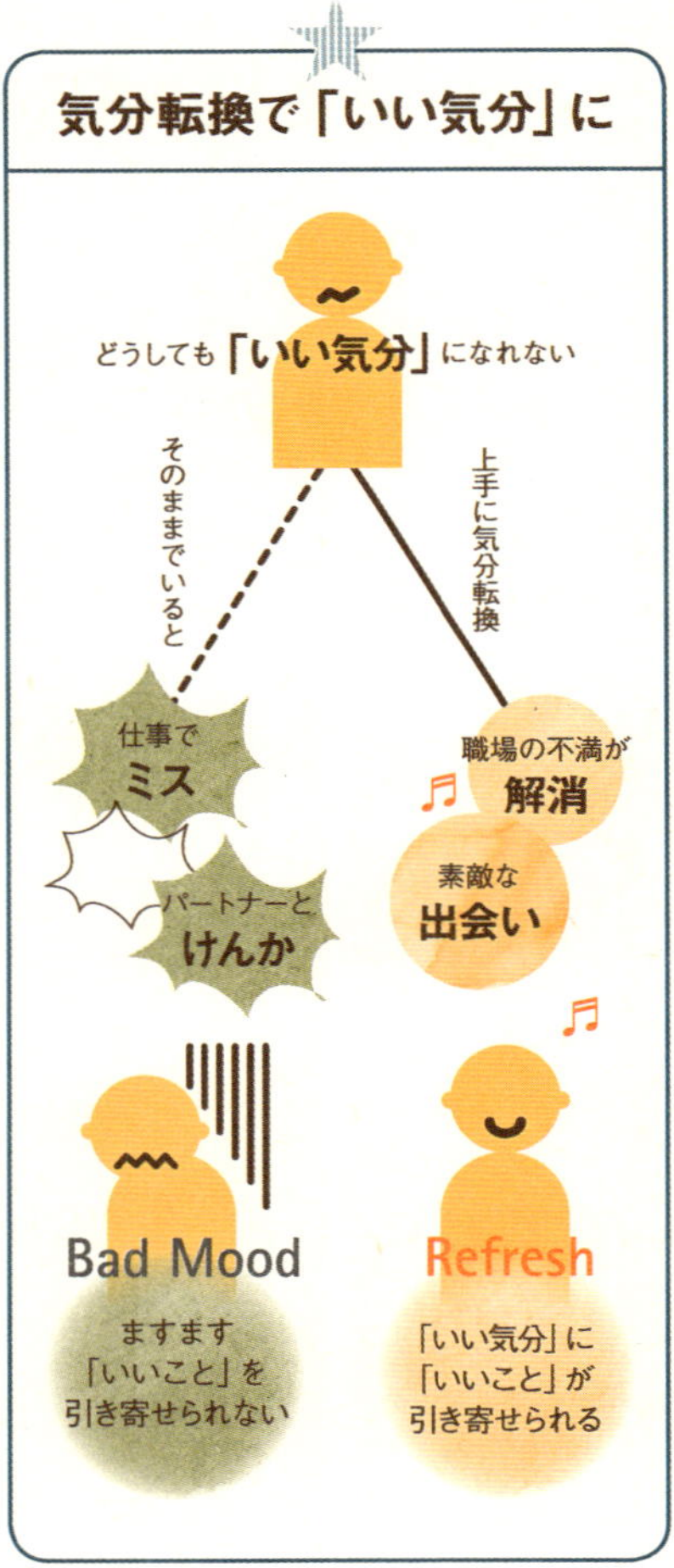

気分転換で「いい気分」に
どうしても「いい気分」になれない
そのままでいると
上手に気分転換
仕事でミス
パートナーとけんか
職場の不満が解消
素敵な出会い
Bad Mood
ますます「いいこと」を引き寄せられない
Refresh
「いい気分」に「いいこと」が引き寄せられる

いからです。好きなお笑いを見たり、美しい景色を見に行くのもおすすめ。あなたの好きなことや、感動できるものなら何でもＯＫ。**どんなにつらい状況にあっても、気持ちを切り替えるだけで、あなたはすぐに自分の気持ちを心地良くさせることができます。**

どうしても納得いく考え方が見つからない、気分が晴れないというとき、**自分にとって一番益のないことは、その嫌な気分を引きずること。**嫌な気分を引きずれば悪い波動がまた嫌な現実を引き寄せるだけです。ですから**嫌なことはさっさと忘れ、好きなことをして気分転換をしましょう。**

Point

嫌なことは早く忘れて**好きなこと、楽しいこと**に意識を向けよう

Column

引き寄せ力をアップさせる習慣❷

一瞬にして幸せになる方法

悩んだり、落ち込んだりしてつらいとき、幸せはあなたの中に、あなたの今の現実の中にあることを思い出してください。ほんの一瞬であなたは幸せになれます。

今、目の前にあるものや人を見つめてみましょう。

あなたが気に入っているコーヒーカップ

机の上に積んである本や雑誌

子どもがいる人は子どもの寝顔

あなたの足もとに体を寄せるペット

お気に入りのものなら何でも良いのです。見つめるだけで、あなたの中から湧き上がる幸せを感じるはず。

幸せはいつでもあなたの中にあります。何かや誰かに幸せにしてもらうのを期待するのではなく、自分から幸せを探してみましょう。そして、自分の中から湧き上がる幸せを感じてみましょう。あなたが幸せを感じたら、引き寄せの法則でさらに幸せを感じる現実を引き寄せます。

Chapter.3

自分を好きになると引き寄せが加速する

Chapter. 3

1 「いい気分」と「自己肯定」の相乗効果

自分を肯定することで、引き寄せ力がぐんぐん高まる

チャプター1、2では起こった出来事に対して、できる限り「いい気分」になれる思考の選択を続けていくことが、いいことを引き寄せ、望みをかなえるのに大切だと書いてきました。この状況を加速させ、さらに引き寄せ力をアップさせるために、もうひとつ大事なポイントがあります。

それは**「自己肯定力」を高めること。自分を肯定することができるようになればなるほど、あなたの引き寄せ力はぐんぐん高まります。**

なぜ自分を肯定しなくてはならないのかは、後ほど詳しく説明していきます。自己肯定は引き寄せ力を高め、あなたの望む人生を実現するためには絶対に欠かせないものです。「自分を自分で認める」ことは、あなたがあなただけの素晴らしい人生を歩んでいくための基本なのです。

「いい気分」と「自己肯定」は同じくらい重要

「引き寄せ」を始め、「いい気分」になれる思考を選択し、実際に現実が変わるのを1度でも経験すると、「自分で人生を創れる力」を実感できるので、自然と「自己肯定力」もついてきます。とはいえ、子どもの頃からの思い込みや周囲からの刷り込み、失敗などの経験から「自分は無条件に素晴らしい存在だ」と全肯定するのは難しいという人も多いかもしれません。

一方、自分のことは好きで大切にしているけれど、他人や物事に対して文句ばかり言うような人もいます。こういう人は、自己肯定はしっかりできていても「いい気分になれる思考の選択」をする習慣ができていないので、あまり幸せではなさそうです。

喜びに満ちた思い通りの人生を生きるために「いい気分になれる思考の選択」と「自己肯定」はどちらも欠かせない鍵《キー》なのです。

「引き寄せ」を加速させる2大要素

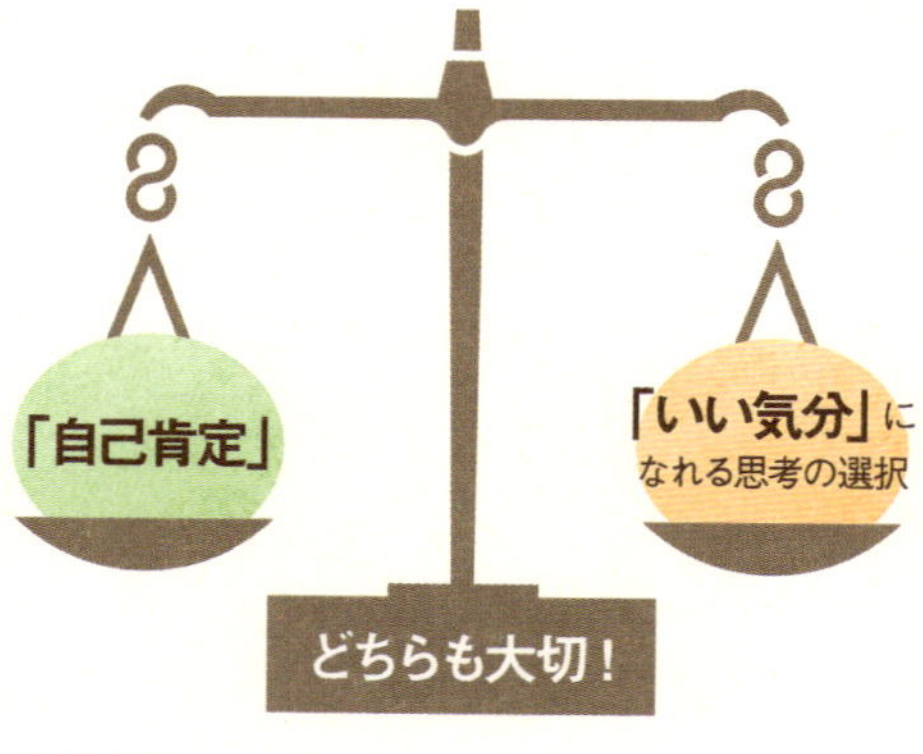

♣両方の相乗効果で引き寄せの波を加速させる

「いい気分」と「自己肯定」の両方ができてくるとその相乗効果で、あなたの引き寄せの力が大きくなり、現実が望む方向へぐんぐん変わってきます。

この章では「自己肯定とはどういうものか」「自分を愛すると人生がどんな風に変わっていくのか」を追求していきたいと思います。

また自分を愛することをブロックしている思い込みや刷り込みを外し、自己肯定力を高める方法についても考えていきましょう。

Point

「いい気分」と「自己肯定力」を同時に高めると**引き寄せ**の波が**加速**する

Chapter. 3

2

「自己肯定」とは、自分を知り、認め、**愛する**こと

「自己肯定」は自分で自分を知ることから

「自己肯定」とは、「自分を好きになる」ことや、「自分を認めること」だといわれていますが、いきなり「自分を好きになってください」と言われても漠然としすぎていて、戸惑ってしまう人も少なくありません。そんな場合、自己肯定の手始めとして、**まずは「自分に注意を向けること」と、「自分のことを考える時間をつくる」ことから始めましょう。自分の心の声に意識を向け、自分を知ろうとしてみてください。**

自分のことを考える
楽
哀
怒
喜
驚
愛
think about myself
?!
自己肯定
=
自分を知ることから

「自己肯定力」アップのためのいくつかのポイント

「自己肯定」とは、「自分を好きになること」のほかに、次のようなことも含んでいます。

□自分に注意を向け、自分を知り、自分の本当の望みを知ること。
□自分の喜びは何なのか、何に幸せを感じるか、何が好きなのか、何がしたいのか、どうすれば心地良いのかを知り、できるだけそれに沿って行動すること。自分を満たすように心がけること。
□自分の考えや行動を自分で決め、決めたことを信頼すること。
□ありのままの自分を無条件に価値のある存在だと認め、自分に自信を持つこと。
□自分で自分の中のいい面に目を向け、どんなときでも自分の味方になること。

いかがでしょうか。改めて考えてみると、自己肯定といってもこんなに幅広い意味合いがあるのです。**自己肯定とは、自分で自分のことを知ったり、認めたり信頼したりすることなんだということを覚えておいてください。**意識するだけで今すぐ始められることもありそうですよね。

「自己肯定」は、他人との比較や評価とは一切関係ない

「自己肯定」とは、自分で自分のことを知ったり、認めたり、信頼することです。ただ、ここで注意したいのは、「他人の評価によって自信を得る」のではないということ。「他人と比較して自分が優れている」とか「他人は間違っていて自分が正しい」ということでもありません。**自己肯定は他人とは一切関係なく、自分が自分をどう思うか、どのように扱うか、それがポイントとなります。**

Point

「自己肯定」とは自分自身に注意を向け、自分の望みを知り、**自分を信じる**こと

Chapter. 3

3 自分のいいところを書き出してみる

自分自身の気に入っているところを考える

あなた自身が、自分のいいところ、気に入っているところを探して、それを認めること。これが自己肯定力アップのための大切な作業です。チャプター2の32ページで、「いい気分」になるために効果的なのは、現実の中に見つけた「いいこと」を書きつづることだと書きました。同じように今度は**「自分自身のいいところ」を書き出していきましょう。**顔や体など外見に関することから、性格、得意なこと、能力、経験まで何でもかまいません。

書き出すポイントは、世間的な基準や、他の人との比較、人からの評価などは全部除いて、自分が本当に良いと思えるポイントならOK。人が見て欠点になり得ることも、自分では良いと思っていて、気に入っているなら「いいところ」になります。このノートは他の人に見せるものではないので、気持ちをオープンにして自信を持って書き出してみてください。

長所と短所は表裏一体。短所も見方次第で「いいところ」に

あなたの得意なこと、詳しいことは何でしょうか。英会話ができる、パソコンに詳しい、路線図が頭に入っている、おいしいイタリア料理の店をたくさん知っているなど、どんなことでもOK。書きたいけれど、気持ちに無理を感じるときは少し工夫すれば大丈夫。「締め切りを守る」と書いたあと、「で

Let's TRY

「自分のいいところノート」をつけてみよう！

自分の良いと思うところ、
好きなところを、
どんなことでも良いので
ノートに書き出してみましょう

例：★ 音楽に詳しい

★ おいしいお店を知っている

★ おおらか

★ 字がきれい

あなたの「いいところ」ノート

★

★

★

★

★

★

★

★

★

★

★

も時々守れていないか……」と違和感があるようなときは、「基本的に締め切りを守る」と書くとすっきりします。

あるいは「自分は短気だ」と短所が思い浮かんだら、なぜそうなのか考えてみましょう。そうすると「正義感が強い」「きちんと仕事をこなそうと努力している」などプラスのいい面が見つかるはず。このように**実はあなたのどんな性質も、捉え方次第で「いいところ」になり得るのです。**

まずは50個程度書き出してみましょう。**自分のいいところを見つける力＝自己肯定力。引き寄せ力のアップも促されます。**

Point

自分の「いいところ」を見つめていくと

自己肯定力と引き寄せ力が同時にアップ

Chapter. 3

4 引き寄せが加速すると、望みが自然と実現する

目の前の現実は、自分をどう思っているかの表れ

自分を知り、自分を認める作業をして自己肯定感が高まると、あなたは自分のことを大切に感じられ、好きになり、いい気分を味わいます。復習になりますが目の前の現実は、あなたの思考と、そこから生まれる気分や感情によって引き起こされるものでしたね。そのため、**自己肯定ができて、あなた自身の思考を自分への愛情で満たせれば、その愛を反映して、次の現実はより愛に満ちたものになるのです。**

「いい気分」と「自己肯定」でザルの目がどんどん開く

①自分に愛情を注げば現実は愛情であふれ、自分を認めれば現実もあなたを肯定してくれます。

②自己肯定によって毎日をできるだけ「いい気分」で過ごしていると、ザルの目がどんどん開き、愛と豊かさのエネルギーをどんどん受け取れるようになります。

③そうして受け取った愛と豊かさのエネルギーはあなたを満たしてくれるので、ますます自分を愛しやすく、いいところを見つけやすくなります。自分を好きになれると、またいい気分になります。

こんなふうに「いい気分」と「自己肯定」は相乗効果で進んでいきます。こうして引き寄せは加速していくわけです。

引き寄せが加速すると、本当の望みが簡単に現実化する

引き寄せの波が加速すると、あなたのザルの目が大きく開き、本当に望むことが自然と実現するようになります。このようになってくると、望むこと

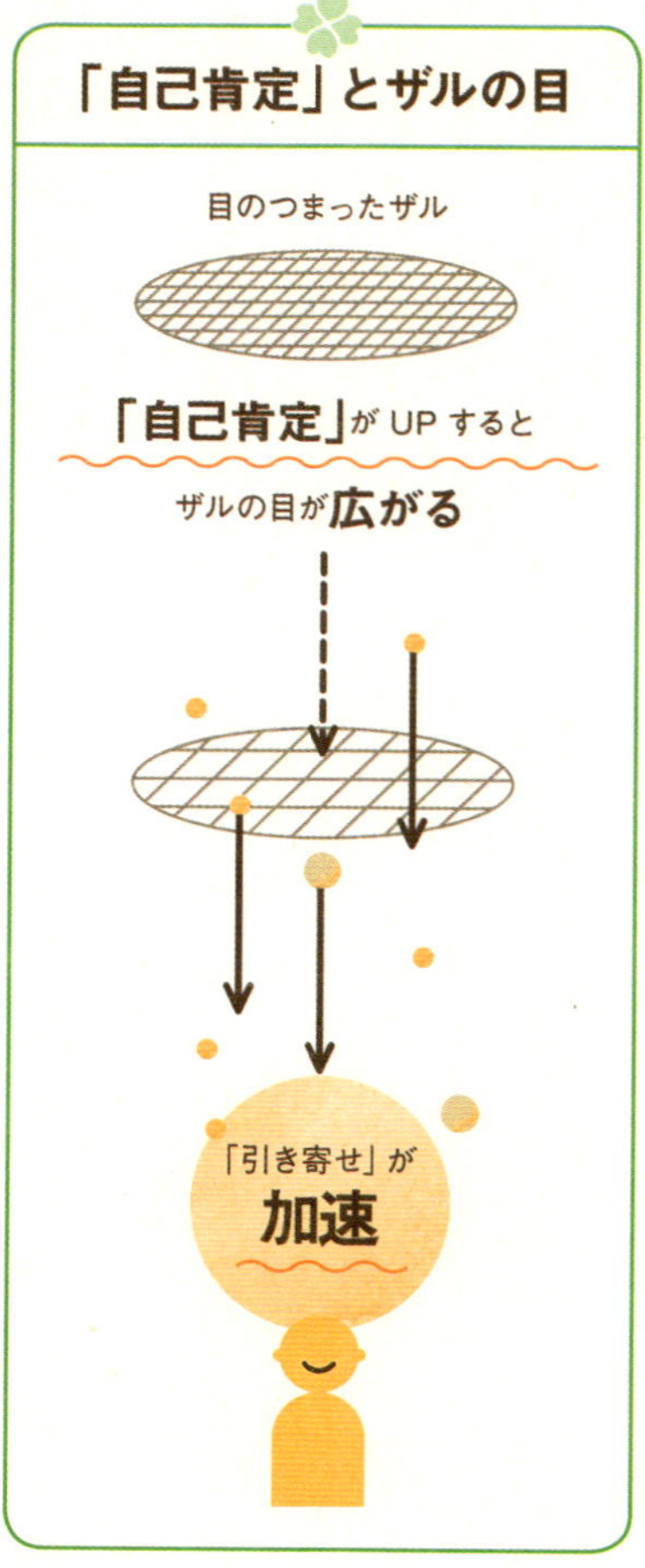

「自己肯定」とザルの目
目のつまったザル
「自己肯定」が UP すると
ザルの目が広がる
「引き寄せ」が
加速

が向こうから服を着て歩いてくるというような状況になります。**憧れの場所に行けたり、求めていた仕事に就くなどの、夢の実現も起きやすくなります。**

現実は、あなたの思考と気分の反映であるとともに、自分が自分をどう思っているかの反映です。今、人生に満足していない人は、もしかしたらこれまで自分に愛を注いでこなかったせいかもしれません。これから、まずは自分のいい面に目を向け、人の基準で自分を判断したり、自分を否定したりするのはやめましょう。**自分に中心を戻し、自分を愛することは、引き寄せを実践するうえでは欠かせません。**

Point

「いい気分」と「自己肯定」の相乗効果で

あなたは愛に満ち、**望みは自然にかなう**

Column

引き寄せ力をアップさせる習慣 ❸

趣味や遊びから、自分のやりたいことを始めてみる

就きたい職業を考える場合、本当にやりたいことというよりは、条件や収入の面での魅力でその職業を選ぶ場合があると思います。でも、やってみたい趣味を考えるときは、純粋にやりたいことを選ぶことが多いはず。

実は、趣味の中には自分が本当にやりたかったことが隠れていることが多いのです。だから、何か好きなことに夢中になる時間をつくることをおすすめします。そういった時間は、純粋に幸せな時間です。そして、その幸せの波動は次のやりたいことを引き寄せます。ときには趣味が職業に結びつくこともあるでしょう。

歌を歌う、ギターを習う、カメラを持って撮影旅行、絵を描く、ダンスを習う、ガーデニングを始める……などなど。

とにかくあなたの好きなことを始めてみましょう。そうしているうちにいい気分の波動によって正の引き寄せの連鎖が起こり、どんどん夢の実現に近づいていきます。

Chapter. 4

あなたがかなえたい**本当の望み**は何ですか？

Chapter. 4

1 あなたの本当の望みは何ですか？

自分の幸せを後回しにせず、素直になって望みを考える

チャプター1〜3では、いい現実を引き寄せる方法と、目の前の現実の不満を改善する方法を見てきました。いよいよこのチャプター4では、もっと大きなあなたの望み、願いのかなえ方について解説します。

望み、願いを引き寄せるためには、まずあなたの望みをはっきりさせる必要があります。とはいえ、聞かれてすぐに「私の望みは○○です」と言える人はあまり多くありません。慌ただしい毎日の中で、本当の望みを見つめる

時間がなかったり、望みはあっても現状から程遠いという理由で自分の思いにフタをしてしまっている人が多いからです。仕事や家庭を優先し、自分のことは後回しという人もいます。でもあなたは、あなたの現実を創っている張本人。人生を日々満足して生きるためにも、**好きなこと、かなえたいことをしっかり考えてみてください。**

「できる・できない」の枠を外し、ワクワクすることを考える

「自分は何をしたいのかわからない」というときは、**何をしているときが楽しいか、自分が笑顔になるのはどんなときか、どんな生活ならうれしいか、**などを思い返してみましょう。

「夢はあるけど……」というなら、できるできないに関係なく、頭の中で理

想のあなたの姿を思い描くのです。どっぷり妄想にはまって良いのです。その夢が何らかの職業なら、「安定している」とか「高収入」といった条件ではなく、やってみたいか、おもしろそうか、という点から考えるのがポイントです。

なぜその望みをかなえたいのか、その理由が願いの本質

自分の望みが見えてきたら、その望みの理由を考えます。たとえば「宝く

願いの本質を見極める

パッと浮かんだ願望の裏に本当の願望が…
宝くじに当たりたい
世界旅行に行きたい
起業して社会貢献したい

じに当たりたい」なら、なぜ当たりたいのか。「家族と気持ち良く暮らせる家が欲しい」、「起業して社会貢献したい」「世界一周旅行をしたい」などです。

お金が欲しいと思っている人は多いのですが、本当はお金が欲しいわけではありません。**それが欲しい理由、「なぜ」「どうして」の答えがあなたの願いの本質です。引き寄せでは、この本質の部分がかなえられます。**右の例では、宝くじは当たらないかもしれませんが、家族が暮らす家や、起業、世界中を見てみたいという願いの本質部分がかなうように、少しずつ現実が動いて、チャンスが舞い込んできます。

Point

自然にワクワクして、**笑顔になれる**こと。
それがあなたの本当の望み

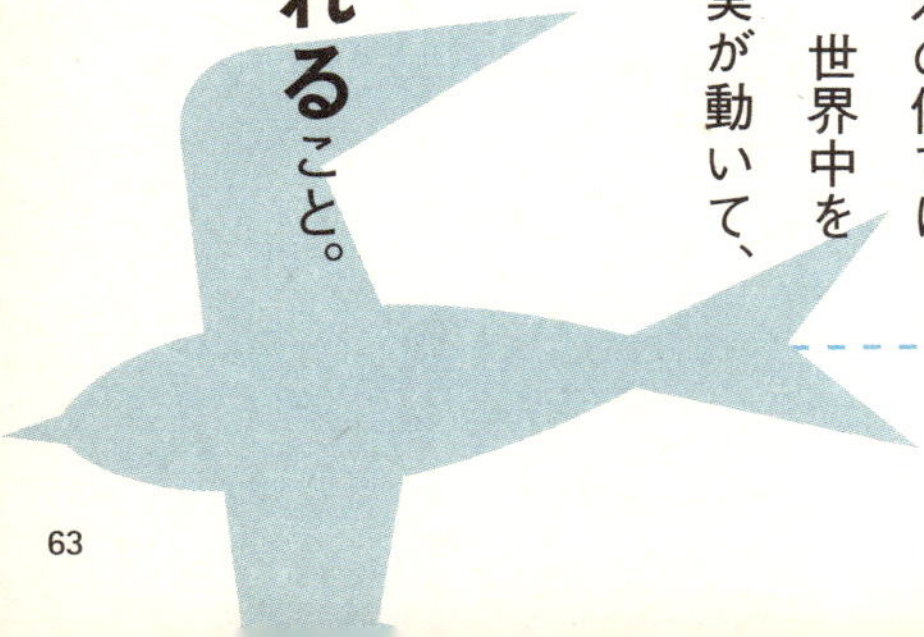

Chapter. 4

2 あなたの本当の望みが現実化するしくみ

心の深い部分にある潜在意識

あなたの願いの本質はつかめたでしょうか。では、なぜ自分の夢や望みを具体的に意識することで願いが現実化するのかについて考えてみましょう。

人は顕在意識と潜在意識を持っているという話を聞いたことがあるでしょうか？　顕在意識とはあなたがいつも生み出している思考で、自分でコントロールのできるものです。そして普段自分では意識していない心の深い部分にある思考が潜在意識です。この**潜在意識は、自分でも気づかないうちに行**

動や考え方に影響を及ぼしているといわれています。

潜在意識まで浸透した思考は現実化する

ここで、何度かお話しした宇宙のエネルギーとあなたとの間にある見えないザルのことを思い出してください。このザルは上からのエネルギーを受け取るだけでなく、下側には浸透膜のようなものがついていて、二重構造になっているとイメージしてください。そして、このザルの下側にあるのが顕在意識、上側にあるのが潜在意識になります。

顕在意識の思考はすぐに現実化されることはありません。何回も同じ思考が繰り返されることである程度の濃度になった願いは、浸透膜を通して潜在意識まで浸透していきます。そこで初めて、思考は現実化されるのです。

潜在意識とハイヤーセルフ

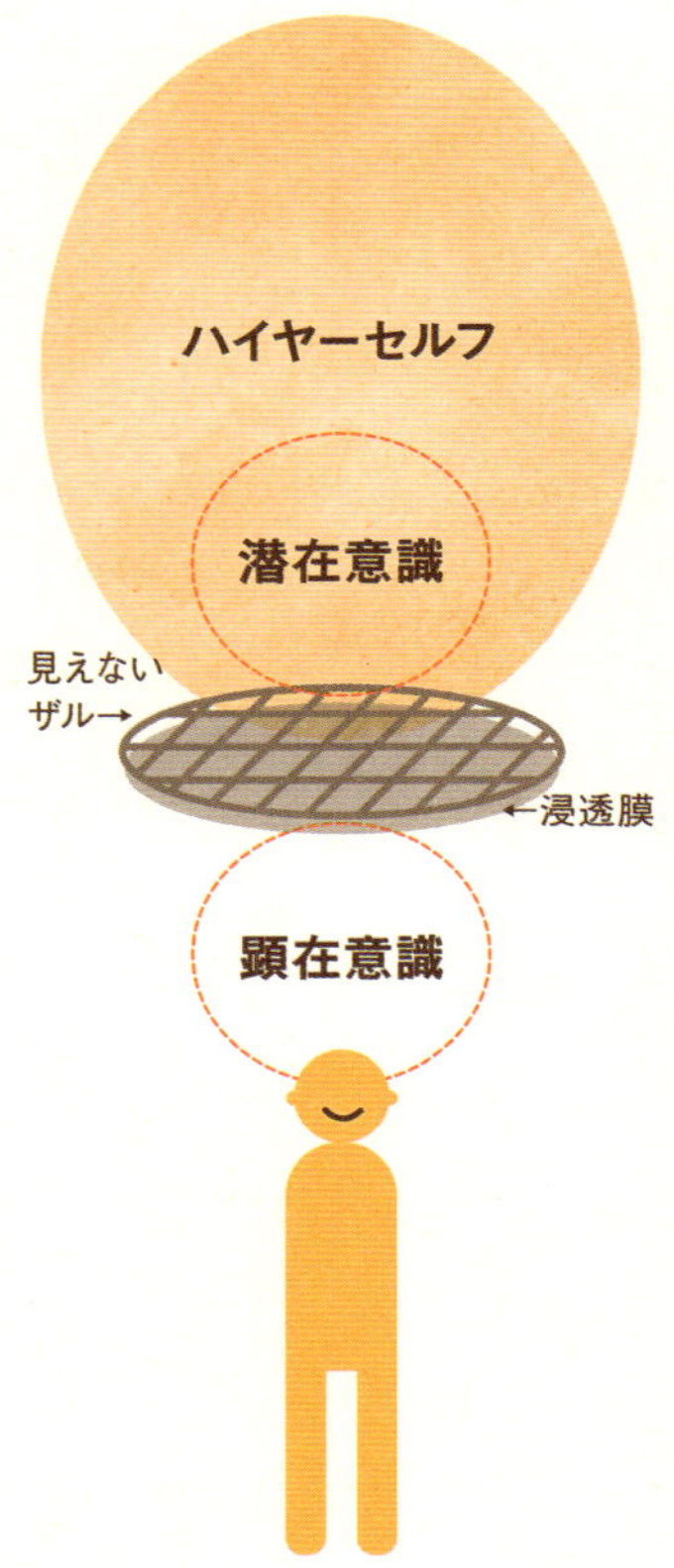

潜在意識にある思考を現実化させるハイヤーセルフ

潜在意識は、高次の自分といわれるハイヤーセルフとつながっています。
ハイヤーセルフが存在している場所は、この世とは次元の違う高次の世界。

よく、死んでも魂はなくならないといいますが、あなたの肉体が滅んでも失われない魂のある場所です。ハイヤーセルフは、愛と豊かさのエネルギーに満たされた宇宙とつながっています。全知全能の神ともつながっているので不可能なことはありません。**あなたの意識が潜在意識にまで浸透すると、このハイヤーセルフが動いて望みを現実化させてくれるのです。**

引き寄せの法則を使えるようになってくると、求めていたものが思いがけなく手に入ったり、今までは考えられない、あり得ない出来事が起こることが多いのですが、これもハイヤーセルフの働きです。

Point

潜在意識まで浸透した思考は
ハイヤーセルフが現実化させてくれる

Chapter. 4

33 本当の望みを潜在意識に上手に刻む方法

あなたの望みに注意を向けて、望まないものはスルーする

潜在意識に浸透した思考はハイヤーセルフによって現実化されます。ただ、ハイヤーセルフはいいことと悪いことを区別することなく現実化してしまうので、**望まないことは考えずにスルーするか、考える時間をできるだけ少なくしましょう。**

また、ハイヤーセルフはあらゆることをかなえてくれますが、あなたが求めなければ何もしてくれません。何かを望むのも望まないのもあなた次第。

だからこそ、あなたの本当の望みをはっきりさせることが大切なのです。

書くことで望みを整理して、潜在意識に刻み込む

ハイヤーセルフに望みを聞き届けてもらうには、潜在意識に望みを浸透させる必要があります。効果的なのは、書くこと。**あなたがやりたいこと、手に入れたいものをすべて書いていきましょう。**

書くことにより、望みがかなうというわけではありませんが、書くことで、自分自身ではっきりと望みを自覚することができ、より潜在意識に浸透しやすくなります。書いているうちに考えがより整理されて、本当の望みが見えてくることもあります。また、あとから書いたことを読み返したとき、「本当に望みがかなっている！」と驚くこともありますので、楽しみにしていてください。

Let's TRY

「手に入れたいもの」を書き出してみよう！

あなたがかなえたい夢や
やりたいことを
全部書き出してみましょう

例：★ 喫茶店を開きたい

★ 外国で暮らしてみたい

★ イタリア語を学びたい

★ 小型バイクが欲しい

あなたの「やりたいこと」リスト

★

★

★

★

★

★

★

★

★

★

★

書いたらザルの目を開けて、望みがかなうのを待つだけ

望みを書いたら、望みに執着するのではなく、あとは日々できるだけいい気分になれる思考を選択し、いい気分で過ごしましょう。潜在意識に浸透したあなたの望みは、その時点でもうハイヤーセルフが現実化する用意をしてくれているので、あなたはザルの目を開けて待つだけ。**そしてチャンスが訪れたら、ただ直感とワクワクに従って行動に移せば良いのです。**だから、「やらなくては」と、あまり焦らずに余裕をもって毎日を過ごしましょう。

Point
あなたの**望みを書き出して**
いい気分で待つだけ

Chapter. 4

4 「自分の好きなものノート」で宇宙にリクエスト

書くことは、望みをかなえるための魔法の杖

ここまでで、あなたの「いい気分」や「自己肯定力」をアップさせるために、「いいことノート」や、「自分のいいところノート」をつくり、いい面に焦点を当てて、書き出してきました。また、望みを現実化するのにも、書くことが効果的でしたね。あなたはもう、望みを自覚し、書き出し、あとはいい気分でいれば、思い通りの人生を歩めることを知りました。**思いを書くこととは、望みをかなえるための「魔法の杖」のようなもの**といえるかもしれません。

好きなものをもっと味わうために、引き寄せるために

では今度はその魔法の杖を使って、好きなものをもっと引き寄せるために、「自分の好きなもののノート」を書いてみましょう。「人からどう見られても、どう思われても、私はこれが好き」というものを書いていきます。人、食べ物、本、映画、スポーツ、仕事、何でも構いません。自分のいいところノートや自分の望み、やりたいこと、手に入れたいもののリストと重なるものがあってもかまいません。たとえばこんな感じです……。

パンケーキ、コーヒー、いちご、海外ドラマを見る、料理、旅行、サイクリング、暖かいところ、沖縄、夏の海、犬、そうじ機をかけること、ソウルミュージック、フランス映画……などなど。

考えるだけでうれしくなるような大好きなものを一覧にしてみましょう。

Let's TRY

「自分の好きなものノート」をつけてみよう！

あなたを幸せな気持ちにしてくれる「好きなもの」を書き出してみましょう

例：★ ハワイのダイヤモンドヘッド

★ フワフワした毛の犬

★ 自分でいれたコーヒー

★ サスペンス小説

あなたの「好きなもの」ノート

★

★

★

★

★

★

★

★

★

★

★

よりリアルに幸せを感じられれば、引き寄せ効果が高まる

書くときのポイントは、より具体的に固有名詞を入れて書くこと。「夏の海」なら夏の宮古島とか、バリ島、オアフ島などと書くと、よりリアルに好きだと感じられるでしょう。その好きという感情にどっぷり浸ってください。

好きなものを自覚して、心から好きだと思うことで、あなたはそれを引き寄せていきます。自分の好きなものを意識するだけで、あなたは潜在意識、ハイヤーセルフ、そして宇宙にリクエストしていることになるのです。

Point

ノートに**好きなものを書く**だけで
ますます幸せがやってくる

5 自分の望みを信じて、願う

自分の望み方に違和感があるとき、願いはかないにくい

あなた自身の望みを決め、ノートや紙に書き出したら、あとはいい気分をできる限り保ち、ワクワク待つだけです。よく、願いをかなえたいとき、「○○を手に入れました」とか「○○になりました。ありがとう」などと、過去形で願うというやり方があります。かなっていないことでも、かなったと信じていくことで自己実現する方法のひとつです。確かに、それが素直にできれば効果的ですが、実際にかなっていないことを「かないました」と言うこ

とに違和感を抱く人も少なくありません。そして、**自分が強く違和感を感じていれば、願いが現実化することもありません。**

望みは、決意の形にして願えばかないやすい

自分の望みがかなった、と断定的に信じるのがうまくいかないときは、次のように書き換えてみましょう。

「私は○○を手に入れます」

「私は○○になることが決まっています」

このように**決意の形なら、抵抗なく願える**のではないでしょうか。自分が信じられる形で決意を宇宙に放つと、必ず現実は動き始めます。望みを実現していく過程で、望んでいないと思う出来事も起こり得ますが、「もしかする

といいことにつながっているのかもしれない」と**軽く流し、良いように受け取ることが次の現実を良くするポイントです。**

望みを間違えると間違ったものが現実化

望みの放ち方に決まりはありませんが、自分がそうする、それを手に入れるという意思表示が必要です。だから決意の形で行うのが

上手な願い方

自分が抵抗を感じない願い方をしよう

（例）

私は新しい事業で**成功します**
私は新しい事業で**成功することが決まっています**

私は理想の**恋人と出会います**
私は理想の**恋人と出会うことが決まっています**

効果的なのです。たとえばもし、「恋人が欲しい」と願うと、宇宙は、「この人は欲しがりたいのだ」と判断し、願える状況、常に恋人を欲している状況を現実化してしまいます。くり返しになりますが、引き寄せの法則はあなたと同じ波動のものを引き寄せます。恋人が欲しければ、まずあなたは今の自分の人間関係に満足し、その中に幸せを見出《みいだ》すことが大切です。そしてその上で「素敵な恋人と出会います」と願うことで、望みは必ずかなえられます。なるべく**今ある不満をいい方向に転換し、今の自分に満足し、今の生活に幸せを見出せば見出そうとするほど、願いはかないやすくなるのです。**

Point

宇宙に放つ望みは
決意の形にすると、必ずかなう

Column

引き寄せ力をアップさせる習慣 ❹

ネガティブな情報は上手にスルーする

職場や学校、家、どんなところでも、あなたが嫌だと感じる人や出来事、情報に出会い、イライラムカムカしたり、批判的になったりしてしまうこともあるかもしれません。でもそういう感情や言動、行動は宇宙に「こういう嫌なものを、もっとください」と要求しているのと同じになります。

それを避けるには意識を向けないことが一番。スルーする、いわゆる無関心を心がけましょう。嫌なものは「望まないもの」と認識し、その反対側にある望みを確認したら、あとはスルー。そして自分のいい気分を保つことに集中しましょう。

嫌な気持ちに気づいたら、できればその対象にいい面を探す。それが無理なら「帰ったらおいしいコーヒーを飲もう」など、別のことを考えるのもOK。意識せず、スルーする。それだけであなたが嫌な人や出来事にかかわることが減っていきますよ。

Chapter. 5

あなた自身が引き寄せの磁石になる

Chapter. 5

1 まず自分を中心に考える

人のために使う時間や思考を、自分の望むものに向ける

普段、家庭や職場などで、あなたはどのくらい自分以外の誰かのことを考えているでしょうか。たとえば取引先のこと、配偶者や子どものこと、恋人のこと、と振り返るとかなりの時間でしょう。**人のことを心配したり、人がどう思うかを気にしてばかりいると、自分の幸せや喜びに焦点をあてる時間が少なくなり、自分の喜びが何かも忘れがちになってしまいます。**

でも、ここまでの章で自分の好きなものや、自分の望みについてなど、あ

なた自身について意識を向けてきたあなたは、自分のために時間を使い始めたといえます。また、その中で自分でも意識していなかったいい面を見つけ、まんざらではない、と思えればしめたものです。

自分の望みや夢を思い描けば、もっと楽に夢がかなう

自分の思い通りの人生を生きるためには、自分の思考を、自分と、自分の望むものに向けることが大切です。ですが実際はかなりの人が、思考を自分以外の人や、自分の望まない物事に費やしてしまい、気づいてみると望む人生を手に入れられずに毎日を過ごしています。まずは**自分の思考を、自分最優先にして使う**と決めましょう。

とはいっても現実の中で自分自身に集中できる時間は限られています。そ

れでも寝る前とか時間を決めて、**自分の望みや夢、自分自身の好きなことについて考える時間をつくってみてください。**そうすれば夢は今よりもずっと簡単にかなうようになってきます。

自分について考える時間を増やす

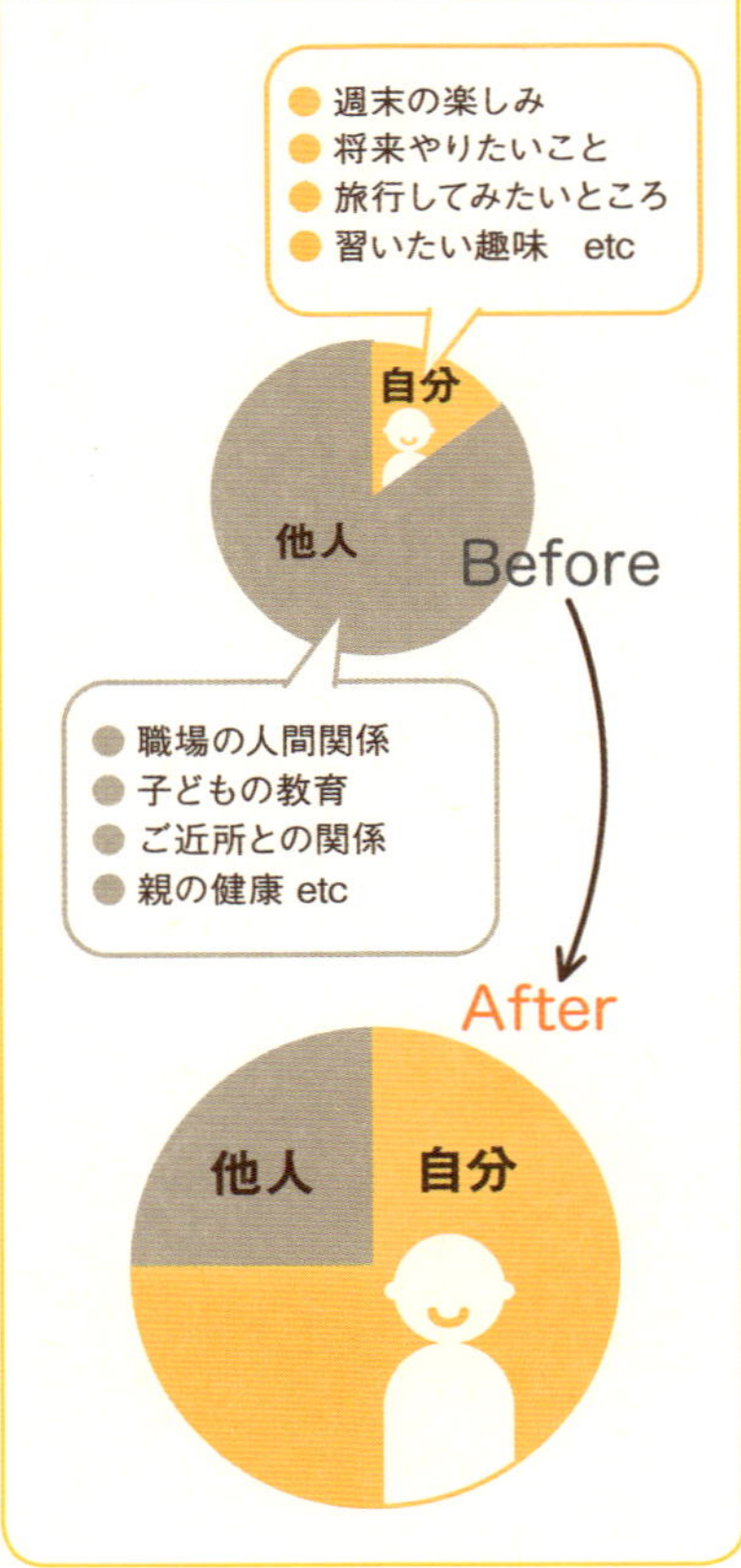
週末の楽しみ
将来やりたいこと
旅行してみたいところ
習いたい趣味　etc
自分
他人
Before
職場の人間関係
子どもの教育
ご近所との関係
親の健康 etc
After
他人
自分

自分のいいところを好きになり、自分のファンになる

自分に中心軸を戻すのに役に立つのが「いいことノート」や「自分のいいところノート」。1度書いたものを読み直すのも効果があります。たとえばあなたの好きな芸能人について調べるつもりで、自分に興味を持って、自分の個性や興味のあることをたくさん見つけてください。

自分が大切な存在だと自覚できるようになると、自分に自信が出てきて、高いレベルの引き寄せも実現できるようになります。

Point
自分自身や**自分の望みを最優先**にすると
願いはもっと楽にかなう

Chapter. 5

2 他人に期待しない

人にかける「期待」は、不満の裏返し

今まで、人のことを考えて、人のために何かをしても、相手から期待通りの反応を受け取れず、がっかりしたり、怒ったりした経験はありませんか？　それは自分の人生を人任せにしてしまっている証拠です。自分はこうしているから、相手はこうするべきだという期待が生まれてしまうのです。

期待というのは、「誰かにこうして欲しい」「職場の雰囲気が良くなればいいな」など、自分以外の誰かや、物事の変化を願うもので、基本的に現状に

対する不満です。**現状への不満は、さらなる不満を引き寄せるだけになります。**

期待する自分に気づいたら、自分中心の思考に立ち戻る

あなたが他の人に何かを期待していることに気づいたら、あなたは自分の人生を自分で創れることを思い出してください。

たとえば「人に好かれたい」「認められたい」という気持ちも、実は「私を好きになって」という要求の裏返しです。意識を向けたものが現実になるのが引き寄せ。ですから、好かれたいと思うなら、まずは自分が自分を好きになり、認めることが最優先になります。あなたが自分を好きになろうという意思を持てば、自分のいいところを引き出すことができるようになり、自分のいいところを好きになれば、まわりの人に認められたり、好意を持っても

らう機会も増えてくるのです。

他人をコントロールすることはできない

そもそも誰かに期待をし、思い通りの反応を得られなくても、不思議はありません。なぜなら**人は、自分以外の人をコントロールすることはできない**からです。あなたが自分の思考によって思い通りに生きるのと同じように、他の

人もその人の思考で人生を創り、歩んでいます。それをあなたが無理矢理変えることはできないのです。

他人はコントロールできないことを十分理解できると、相手に対して腹が立つことも少なくなり、自然と争いごとは減っていくはずです。**期待とは自分が勝手に人や物事にかけるもので、意思は自分が決めて自分で責任を持つこと。**むなしい期待は減らし、自分の意思を持つように心がけましょう。人に期待をすることをやめれば、自分の基準で動くことができるようになり、**自分の意思で望む現実を引き寄せる**ことができるようになってきます。

Point

他の人への期待は現状への不満の表れ
現実は**自分の意思**で創られる

Chapter. 5

33

失敗は存在しない、あるのは経験だけ

失敗したと感じても、長い人生のうち、ひとつの通過点

あなたが望みや好きなことを放って、実現するのを待っていても、会社や学校へ行ったり、人と会ったり、家事をしたり、毎日生きていれば、間違ったり、失敗したりすることもあります。好きで始めたことでも、「やめておけばよかった」と後悔したり、落ち込んだりすることも。それは仕方がありませんが、気持ちが落ち着いたら、「次の現実は、自分の思考次第だ」ということを思い出してください。

うまくいかないことを失敗と捉えればネガティブな気持ちになりますが、経験と捉えればそれは次の一歩を踏み出す大切な教訓になります。どんな出来事でもそれをどう捉えるかで、次の展開が変化していきます。「失敗は成功のもと」といわれるように、**失敗や間違いと感じた出来事は、ひとつの通過点で、あとから考えればいい経験だったと思えることが多いはず**です。

「すべてはうまくいっている」が宇宙の大原則

引き寄せの実践をしていくと、ある出来事が起こって、一瞬嫌だと感じることがあっても、大きな視点から見れば、完ぺきなバランスを保つ地球の中で起こる、完ぺきな出来事だということが、わかるようになっていきます。

宇宙に浮かぶ星が、軌道上で完ぺきな運行を保っているように、地上で起こることも、**完ぺきなバランスの中で発生し、「すべてうまくいっている」**のです。それを、すぐに信じられなくても、「うまくいっているのかもしれない」と考え、おおらかな気持ちで今より少し大きな視点を持つことを心がけてみてください。

完ぺきな宇宙の原則を思い出し、いい気分を選択する

嫌なことが起きたら、「すべてはうまくいっている」と考え、その出来事に

対しどのような視点をもてばいい気分になれるのかを見つけましょう。ここまでこの本を読み進めてきたあなたは、いいことを探すのもうまくなっているはず。いいこと、好きなことをたくさん見つけてください。「いいことノート」や「自分の好きなものノート」などを見直すのもオススメです。

起こることがすべて必然で、完ぺきなタイミングで起こっていることが感じられるようになると、心にゆとりができて、リラックスした状態でいられるようになります。するともっとザルの目が開いて、愛と豊かさのエネルギーをたっぷり受け取ることができるのです。

Point

失敗だと感じる出来事も、
より良い未来を創るためのひとつの**通過点**

Chapter. 5

4 マイナスの思い込みを手放す

自分の望みにブレーキをかける「抵抗」という思考

自分の好きなことや望みをはっきりさせると、ハイヤーセルフがそれを現実化するために動いてくれるとチャプター4で説明しました。望みを放ち、いい気分で生活していれば必ず願いはかないます。**それをブロックするものがあるとすれば、それはあなた自身の抵抗によるものです。**

抵抗とは、「絶対ムリ」、「かなうわけない」、「できっこない」というマイナス思考の思い込み。何かを望みながら、それを否定することは、自分の望みにブレーキをかけていることなので、当然、願いはかなわなくなります。

抵抗を手放して、新しい考えを受け入れる

あなたの中にマイナスの思い込みがないか考えてみてください。**思い込みは、その多くが過去の経験や世の中の常識といったものから生まれてきます。**たとえば「この会社には冷たい人が多い」と思い込んでいたら、ちょっとした事務的なまわりの人の反応でも敏感に受け止めてしまって「思った通りだ」と感じてしまったりするものです。

それがプラス思考のもので、いい現実をもたらすものであれば良いのですが、あなたの望みに反するものなら手放していく必要があります。**自分の考えを点検しながら、マイナスの思い込みをプラスの思い込みに転換させましょう。**

自分の望みにブレーキをかける「抵抗」という思考

自分の望みに抵抗する思考を減らすには、思い込みをプラスに変換する方

マイナスの思いをプラスに転換させよう

Negative
自分の望み通りに生きるなんて
ムリだ

Positive
ハイヤーセルフは何でも願いを
かなえてくれる

Negative
あの人は○○な人で
嫌だ

Positive
○○なところは嫌だけど、
○○の点は**すごいと思う**

Negative
お金儲けは
欲深いこと

Positive
お金は楽しみをもたらしてくれる
素敵なもの

法と、もうひとつ、**とにかくいい気分でいられる思考を選び続けることも**効果的です。

いい気分でいると、いいことが起きる割合がどんどん高くなっていきます。するとと自分で人生を創れるという実感がわいてきて、これまでムリだと思っていたことも、「できるかもしれない」と思えるようになり、抵抗する思考もあまり浮かばなくなってきます。もしマイナスの思考が浮かんできたら、「これは思い込みではないか」と疑ってみてください。あなたの望みの現実化を妨げるのも、実現させるのもあなたの思考ひとつにかかっているのです。

Point

自分の思い込みを自覚し、
プラスの思考に転換する

Chapter. 5

5 幸せになるために、苦労する必要はない

苦労は美徳という思いは手放そう

「若いときの苦労は買ってでもせよ」ということわざもあるように、厳しい状況に陥ったときや、険しい道を選ぼうとするとき、苦労の先に成功が待っていると考えてがんばる人も少なくありません。もちろんそうした苦労は、貴重な経験として人生の中で生かされてくるものですが、苦労をしなくてはいけない、ということとは違います。また「苦労はいいことだ」と思っていると、その思考が苦労する現実を引き寄せてしまうのでおすすめできません。

人間は苦労のためではなく、自分で人生を創り、それを楽しむために生まれてきています。ハイヤーセルフも宇宙も、あなたに苦労をさせようとは思っていません。苦労する現実が現れたら、自分が引き寄せたものだと納得し、そこから何を学べるか、いい気分になるにはどうしたらいいかを考えましょう。

過去の報いが返ってくる「カルマ」など存在しない

また「自分の行いの報《むく》いが、自分に降りかかってくる」という「自業自得」という考えも、今なお根強く残っています。「前世で悪いことをした罰が、この世で返ってくる」とされる「カルマ」も同じような考えです。

しかし、あなたの思考こそがすべてを創っていくという引き寄せの法則を学ぶと、自業自得というものも、カルマというものもないことがわかります。

あなたに返ってくるもの＝あなたの現実に現れるものは、それはあなたの波動が引き寄せたもの。過去の悪い行いの報いなどではないのです。

前世からのカルマだと思う気持ちが不幸を引き寄せる

「苦労が美徳」という気持ちが苦労を引き寄せるように、「前世の報い」「カルマ」と思うことが、つらい状況や病気を引き寄せます。「昔××をしたから、今こんなに不幸なんだ」、「あのとき××したからばちが当たって病気になった」と思う人もいるかもしれませんが、それはカルマでも、業《ごう》でもありません。「自分が何かをしたから仕方ない」という自分の考えが不幸な現状や病気を引き寄せるのです。罪悪感や後悔を手放して、現状のいい面を見るようにすれば、不幸な現状や病気の状況も変えていくことができます。

あなたは人生で苦労する必要も、過去の報いを受ける必要もありません。
あなたの思考を変えて、発する波動をいいものに変えれば良いだけなのです。

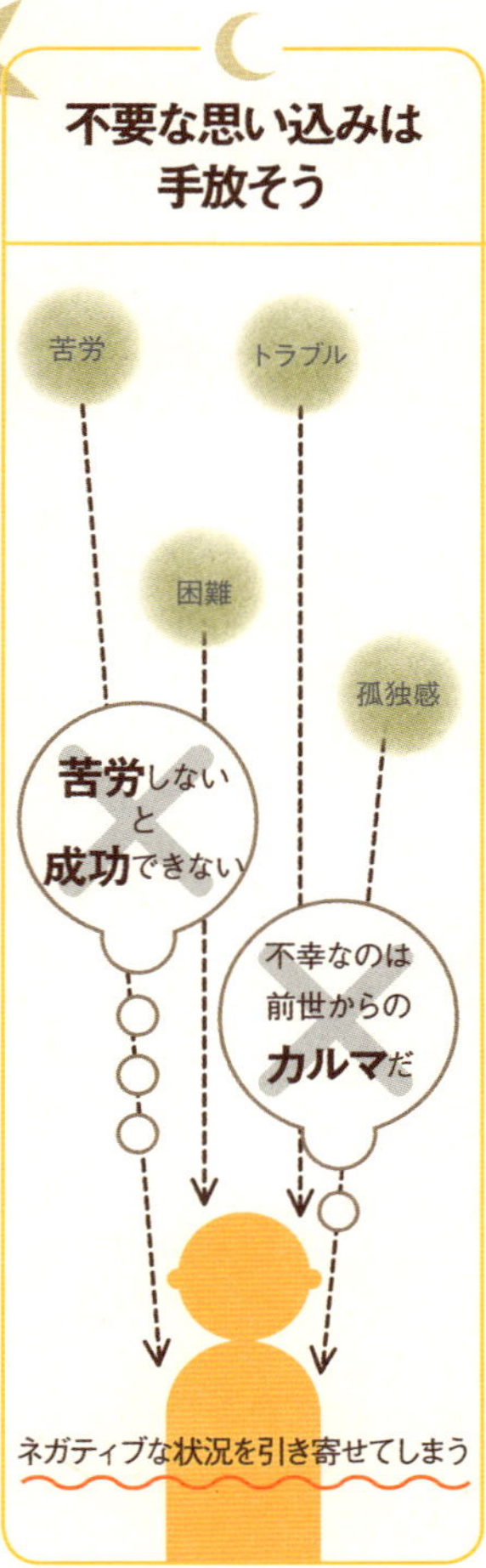
不要な思い込みは手放そう
苦労
トラブル
困難
孤独感
苦労しないと成功できない
不幸なのは前世からのカルマだ
ネガティブな状況を引き寄せてしまう

Point

人生はあなたが楽しむための舞台
苦労や不幸な出来事を進んで味わう**必要はない**

Chapter. 5

⑥ 幸せの波動がまわりに広がっていく

ポジティブな波動は、他の人の助けにもなる

自分が幸せに満たされること、自分がいい気分でいられる思考を選んでいくことなどが幸せや望みを引き寄せるベースだと学んできました。しかし中には、**家族や友人、職場の人など他の人のことは放っておいて良いのか**と疑問を抱く人もいます。「思いやりを持つこと」や「人に親切にすること」は大切と教えられてきたので、自己中心的な考えに戸惑うのも無理はありません。でも、引き寄せの法則を思い出してください。

・人はその人の思考によって現実を創っている
・いい現実を引き寄せるにはいい気分を保つことが大事
・現実はその人の思考によってのみ変えられる

こうした法則に従って考えると、**あなたにできることは、「その人がポジティブな思考を選択し、いい気分になるのをサポートすること」**だけです。もちろん思いやりや親切は大切ですし、あなたがいい気

「いい気分」はまわりにも伝わっていく

Happy
まわりの人も
HAPPYに
幸せの波動

分でいるために行うことなら、どんどんしたほうが良いでしょう。

また、たとえば問題を抱えて悩む友人に同情し、思いやりのつもりで一緒に心配しても、あなたにも友人にもネガティブな現実が現れるだけです。一方、あなたが解決策を提案したり、おいしいものを食べに連れ出して気分転換をさせてあげられれば、ポジティブな波動が生まれ、明るい現実を引き寄せることができます。**前向きでいい気分でいるあなたは、他の人がいい気分になるのを助けてあげられるのです。**

愛と豊かさの宇宙のエネルギーは周囲にも浸透していく

また、職場や家庭などで相手のために思って必死に尽くさなくても、あなたがいい気分で、幸せでいると、いい波動が職場や家族にも伝播《でんぱ》していきます。

ですので、あなたは自分の望む現実の創造に集中すれば良いのです。

自分の望みをかなえるためには、いい気分を保ち、宇宙からの愛と豊かさのエネルギーとつながることが重要でしたね。ザルの目を開いて、宇宙のエネルギーをたっぷり受けられるようになると、そのエネルギーがあなたのまわりにも広がり、まわりの人がいい気分になるのをサポートしてくれます。

初めのうちは自分の喜びだけを追求するのに後ろめたさや抵抗を感じるかもしれませんが、**あなたが喜びや幸せに満ちて、いい気分でいることはそれだけで他の人のためになっているのです。**

Point

あなたが幸せに満ちているだけで
他の人が幸せになる**助けになる**

Chapter. 5

7 本当の幸せはあなたの中にある

幸せとは、自分で選択して人生を創造すること

新車や家、恋人、家族など、望んで手に入れたものは人を幸せにしてくれます。でも、それは永遠に続くとは限りません。様々な出来事により、状況ががらりと変わったり、得たものを失ってしまうことは人生にはつきものです。だからこそ、**自分で選択して人生を創造することが大切なのです。**

引き寄せの法則は、あなたが発する波動と同じ波動のものを引き寄せます。

だからどんな状況であっても、常にあなたがあなたを幸せにする思考を選ぶ

ことが大事です。そうすれば、宇宙の愛と豊かさのエネルギーによって**あなたの人生は自然に切り開かれていく**ことでしょう。

「いい気分」が人生の流れを良くする

あなたが自分の可能性を信じ、幸せに生きると意思を表明すれば、すべてを可能にする存在、ハイヤーセルフがその願いをかなえてくれます。あとは、自分の人生に100%自分で責任を持つ覚悟を決めてください。そしてその覚悟は「自分の人生を自分で創れる」という手応えであなたに返ってくるでしょう。自分で人生を創っていけるのだから、制限されるものは何もないのです。そしてどんなことが起こっても大丈夫。**「いい気分」を選択していくことで、必ず人生の流れを良くしていけるはずです。**

あなた自身があなたを幸せにできる

「引き寄せ」の実践は、とてもシンプル。**自分の望みを知り、自分を愛し、満たして、いい気分を保てるようにコントロールするだけ。**コントロールするのは人や出来事、何かの結果ではなく、自分の思考と、そこから生まれる感情です。ネガティブに傾きそうになったら、**できるだけいい気分になれる思考を選ぶ。**その積み重ねで引き寄せ力が磨かれていきます。

夢や望みを持つことはとても大切なことです。でも、それがかなうまであなたが幸せになるのを待つ必要はありません。幸せは、あなたが、あなたの中や目の前の現実の中に感じようとすれば、そこにあるものなのです。どんな状況でもあなた自身があなたを幸せにできることを忘れないでください。そしてその先に、あなただけが創造できる輝く未来が待っていることでしょう。

Point

あなたが見ようとすれば
目の前にある**幸せが見えてくる**

幸せはあなたの中にある

実現したいプラン
まわりの人への愛
誠実さ
豊かな感受性
仕事への情熱
自分で自分を
幸せにすれば
自分の夢や望みを
引き寄せる

Column

引き寄せ力をアップさせる習慣 ❺

掃除と引き寄せの法則

掃除をすると「運気がアップする」とか「いいことがある」といわれています。「そんなの気のせい」と思う人もいるかもしれませんが、本当です。ただし、掃除をするという行為が幸運を運んでくるのではありません。これも引き寄せのパワーなのです。

あちこちのホコリを払い、散らかっていたものを片づけるとすっきりして、いい気持ちになりますね。その「いい気分」が「いいこと」を引き寄せるのです。掃除のほか、花や絵を飾ったり、打ち合わせや試験に身だしなみを整えて行くなど、運気アップのためのジンクスのようなものは、みんな同じ。あなたがいい気持ちになり、自信を持てるからいいことを引き寄せるのです。

大切なのは「いい気分」です。忙しくて掃除が完ぺきにできなくても大丈夫。要は、できる範囲で自分が心地いいと思える環境をつくれば良いことなんです。

Chapter.6

CASE 別に悩み解決！

実践・引き寄せ File

実践・引き寄せ
File 1

仕事がつらくて「いい気分」でいることが難しいのですが…

小さなことで良いので今の仕事や生活のいい面を探し楽しもう

Q

今の仕事は残業が多く体も心も疲れてしまって、前はすぐ辞めたいと思っていました。引き寄せを始めてから前よりはつらくなくなってきましたが、それでもやはり大変な時間のほうが多く、本当に「いい気分」でいられるのは飲み会のときくらいです。（Tさん 31歳 男性 営業職）

Answer

小さな「いい面」を楽しむことで、いいほうに動き出す

周囲の状況はあなたの「思考の鏡」です。あなたが「大変だ」「つらいことばかりだ」と思っていると、それを確認させるような現実が引き寄せられます。

あなたの波動に合う出来事や人を引き寄せてしまっているのです。ですからあなたが「仕事が大変だ」と感じると、さらに大変さを感じさせる出来事が…というように負の連鎖が起こってしまうのです。負の連鎖を断ちきるにはあなたの思考を変えるしかありません。仕事や職場について良いと思える部分を探して書き出してください。思いついたことはどんどん書き加え、毎日読み返してください。2～4週間もするとつらかった仕事が、やりがいに変わるなど変化が起きてきます。

いい気分でいられる割合が50%を越えると大きな変化が

いい気分でいられる時間が1日の50%を超えると現実が動き出すのがはっきりとわかります。ですからいい気分か、少なくともニュートラルな気分でいられるように、思考をコントロールしていきましょう。トラブルがあったときにも、嫌な気分を長引かせないことが大事。仕事自体からいい気分を味わうのが難しかったら、お気に入りのランチのお店を探すなど、楽しい気分のきっかけをつくるのも良いかもしれません。気持ちが前向きになってくると、つらさがやりがいに変わるだけでなく、条件のいい転職の話が舞い込んだりといったことも起こってきます。小さなことからで良いので、今の仕事や生活を楽しみましょう。

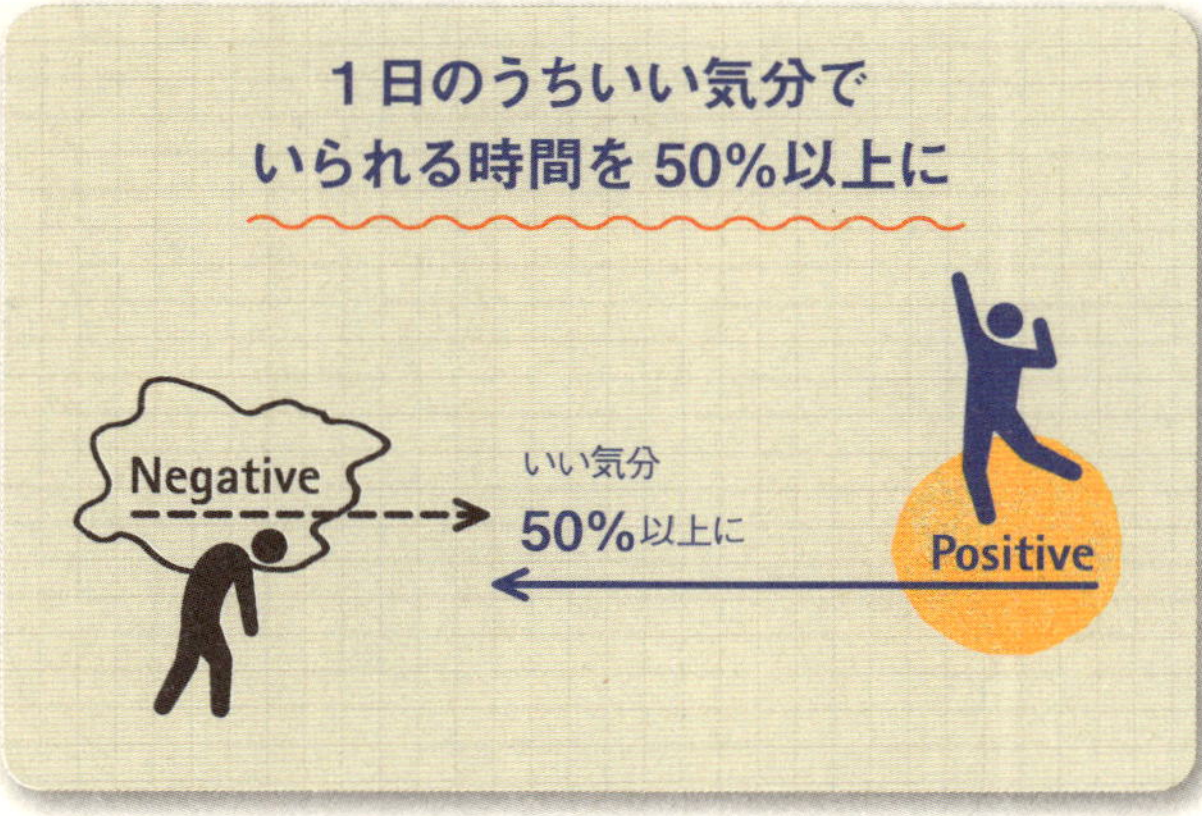
1日のうちいい気分で
いられる時間を50%以上に
Negative
いい気分
50%以上に
Positive

今、好きな人がいるわけではないけれど早く結婚したい

焦りや不安にとらわれず毎日を充実させワクワクして過ごすことが大切

Q

今の職場は働きやすいしお給料もまあまあで、休みも取りやすいので、友人とグルメや旅行を楽しんだりしています。でもはっと気づいたら、いまだに独身。いい年だし結婚したいと思うのですが、恋人もいなくて、空《むな》しさを感じてしまいます。

（Oさん 32歳 女性 メーカー勤務）

Answer

独身の今をたっぷり満喫することが結婚への早道

好きな人がいるわけでもないのに結婚したい、と思う裏にあるのは、質問の中にもあるように「いい年だから」という世間体。目の前の現実は、周囲の目を気にするあなたの不安の反映です。「結婚したい」と思えば思うほど、「結婚できない」という思考を強調することになるので、それが現実化されていきます。

だからといって「じゃあもう結婚は無理そうだからあきらめよう」などと考えるのもNGです。自分の望みを否定してしまうと、望みは手に入らないからです。

結婚を引き寄せるには、やはり独身のいいところを見つけて楽しむのが早道。「独身も良いけど、結婚したらもっと楽しいだろうな」と考えることです。また「恋人がいたら一緒

独身のいいところ

1. 自分の時間を自分の好きなことに使える。
2. 稼いだお金を自分のために使える。
3. 誰に遠慮することなく好きなテレビ番組が見られる。
4. いろいろな人との出会いを楽しめる。
5. 家族や友人との時間をたっぷり持てる。

に何をしたいか」などをイメージして楽しむのもおすすめです。

毎日を楽しんでいると素敵なパートナーが現れる

あとはその気持ちを大切に、毎日を充実させ、自分の時間を満喫していれば良いのです。するとそんな素敵なあなたに好意を持つ人が現れます。

そうした中でつき合うことになり、「いい感じだ」と思ったら、素直に「家庭を持ちたいな」、「この人となら喜びを分かち合える」と幸せを味わいましょう。すると自然と結ばれることになります。逆に「結婚して○○さんに幸せにして欲しい」というのは相手への要望になるのでいけません。

あなたは、ただ好きな人を好きだと思えるだけで、すでに幸せだということを覚えておきましょう。その幸せが、さらなる幸せを引き寄せるのです。

実践・引き寄せ

File 3

給料日前にはカツカツ。しかも借金もある。金銭的に豊かになるにはどうすればいい？

お金を使って手に入れたものや楽しかった経験に意識をフォーカスして感謝しよう

Q

会社員です。引き寄せを学んで現実のいいところを見るようにしていますが、現実問題として月末にはカツカツですし、車のローンなどもあるので生活は厳しいです。金銭的にゆとりのある暮らしをしたい場合、どう考えればいいんでしょうか。（Mさん 28歳 男性 エンジニア）

Answer

あなたが味わった料理や買ったもの、思い出を愛《いとお》しむ

お金が足りなくなると、たいていの人は「お金がない、どうしよう」と不安になります。お金の不足に意識を向けると、「お金がない現実」が引き寄せら

れてしまうので、お金に恵まれた生活を望むなら、自分の「恵まれている」部分に目を向けて、ありがたみを感じるようにしましょう。

お給料をもらっているのに月末はカツカツ、ということは、当然お金を何かに使っているという訳ですね。ですので、そちらに意識をフォーカスしていきましょう。あなたはお金と交換に好きなものを買ったり、サービスを受けたり、やりたいことを経験しています。まずはお金と交換に得た喜びや、豊かさを思い出し、味わいましょう。「恵まれているなあ」、「満たされているな」と感じることが大切。

お金で得た経験やものにフォーカスしよう

1. 人気レストランで食事をした。
おいしかったな。
2. 車のタイヤを交換できた。
これで雨の日も安心だな。
3. 家族旅行に行けた。楽しかったなあ。
4. 英会話の教材を買った。バリバリがんばるぞ。

借金することで得られる恵みにフォーカスし、気軽に構える

借金にも負担を感じているようですが、あなたは車を購入しています。ですから借金にではなく、手に入れた車に意識を向けましょう。「好きな車に乗れてうれしい」「足があって移動が楽だ」と喜び、「そのうちローンも終わる」と気軽に構えましょう。すると実際に、ローンが負担に感じなくなる現実が現れます。

「豊かさ」を実感するには、買い物をするとき「必要なものを手に入れることができた」と考えましょう。充足感を得るためです。さらに「お金があったから買うことができた」とお金にも感謝をしましょう。こうしていくと「私は必要なものを持っている」と感じられるようになり、「恵まれている」と思えるようになります。すると正の連鎖が始まり、お金に不自由しなくなります。

実践・引き寄せ File 4

子どもには安定した仕事に就いて欲しい。何とアドバイスすればいい？

好きなことをしなさいと伝え、子どもを信頼し、見守るのが一番

Q

二男が就職活動の真っ最中です。息子の好きな道を応援したいと思いますが、親としては安定した正社員の職に就いて欲しいというのが本音です。不安定な夢には向かわないで欲しいです。どうすれば親としていいアドバイスができるのでしょうか。（Hさん 59歳 男性 自営業）

Answer

子どもが自分で選んで創る人生をサポートしよう

正社員の職に就いて、安定した生活を送ってもらいたいと思うのは、親御さんとしてはもっともなことでしょう。でも、息子さんが正社員になっても、幸せになれるとは限りません。正社員＝幸せではないのです。幸せとは好きなことをして喜びを感じられること、自分の人生を自分で選んで生きていけることなのです。

ある程度の年齢になると、子どもは自分自身の選択で自分の人生を創っていくので、親の入る余地はありません。ですから親は子どもを信頼して、「好きなことをしていいよ」と背中を押してあげることが、親にできる最良のアドバイスなのです。

親から見ると、「無理そうな夢」も、子どもの選択次第で現実になっていくことも考え

子どもの人生は自分で創るもの
やりたいこと
人生を自分で創る
満足感
親の望む進路
安定しているが
幸せとは限らない

られます。ですから彼が自己肯定力を持ち、ワクワクする毎日を過ごして、いつか夢をかなえられるように応援していきましょう。

親は、ポジティブな思考を選択し、イキイキ生きる手本に

要するに、子どもの幸せのためには子どもを信頼し、見守るのがなにより。そして親も自分の好きなことを追求してください。親が毎日を自由に楽しんで喜びに満ちた姿を見れば、子どもも「自由にしていいんだ」と思うことができます。

ぜひ、あらゆる場面であなたがポジティブな気持ちで生きる姿勢を息子さんに見せてあげてください。そして息子さんも「自分で自分の人生を創っていける力がある」と自覚できるようになれれば、それが最高でしょう。

実践・引き寄せ

File 5

新陳代謝が落ちてきたせいかダイエットしてもやせられません

食べると太るという思い込みを手放して好きなことでいい気分に

Q

好きな服を着たいのでやせたいのですが、代謝が落ちたせいか、ダイエットも効果がイマイチ。もともと食べることが大好きでワクワクしてしまう。でもワクワクすると太っちゃいます。趣味といったら、庭でハーブを育てることくらいですが…。

（Kさん 42歳 女性 事務職）

Answer

今の自分のいいところを探して、認めていきましょう

「着たい服が着たいからやせたい」という理由は自分の意志があって良いですね。その気持ちは、理想の自分の姿としてキープしておきましょう。ただし、

あなたが「やせたい」と思うのは、「自分が太っている」と本心では思っているからですね。その思考が現実化されているのが今の状態です。

まず「体重は理想より多めだけど、顔は小さい」とか「体重はこうだけどパンツはかっこよく着こなせる」とか、いいところを認めて、自分をいい気分にしていきましょう。だからといって一気に体重が落ちるということはありませんが、いい気分を保っていると、体重はあなたに合ったものになっていきます。

理想のスタイルを引き寄せるために

1 「太る」と思いながら食べず、食事を楽しんで。

2 今の自分の体型のいいところを探す。

3 食べること以外で楽しい時間を増やしていく。

4 ストレスは趣味などで発散を。

食べるときは十分味わって、好きなことをする時間を楽しむ

また「食べると太る」と思って食べるとそれも現実化してしまうので、食べたいときは、罪悪感など持たず、素直に味わってしまうのが一番。「私の体を維持するエネルギーになる」などと思いながら食べるのもおすすめです。気持ちが満たされると、不足感やストレスから食べ過ぎてリバウンドするということも減ってきます。

運動も苦手なら無理にする必要はありません。それよりも、服が好きならデパートまで足を延ばしてみたり、ガーデニングを楽しんだりして、いい気分をキープするようにしましょう。好きなことに気持ちを向ける機会を増やしていくと、食べ過ぎてしまう機会も自然と減って、スタイルがキープできるようになっていくでしょう。

実践・引き寄せ
File 6

男性と働くプレッシャーやネガティブ思考の同僚から解放されたい

今の状況が嫌でどこかへ移るなら
また同じことになります。
現状を好きになって
前向きな気持ちで移るならOK

Q

総合職として働いています。仕事自体は好きですが、男性が多いためプレッシャーが絶えずとてもつらいです。さらに数少ない女性の同僚がネガティブ思考で、愚痴ばかり聞かされるのでうんざり。希望を出して一般職に移ろうかなと迷っています。（Sさん 38歳 女性 総合職）

Answer

気分転換をして、落ち着いたら自分の望みを考えよう

今、疲れているのかもしれませんね。まず温泉などに行ってリラックスしてはどうでしょう。嫌な思いを引きずれば引きずるほどさらにつらい現実を

引き寄せるのが宇宙の法則。ですからパッと気分転換していい気分になりましょう。

また、異動を希望するにしても、不満を抱いたままだと、異動先で同じような不満を抱えることになるので、「嫌な現状」から、「自分の望み」をはっきりさせましょう。

仕事、人、環境などについて望みを確認したら、あとは現状のいいところを見つけ、いい気分で過ごすのです。仕事の面白さ、取引先との良好な関係、栄養バランスのいい社食、男性社員のがんばりなど、現状のいい部分を見つけ、好きになりましょう。

自分が本当に望むこと

1. 男女の区別なく、個性を生かして仕事ができること。
2. 自分の力量で仕事ができること。
3. 取引先に喜んでもらえる提案ができること。
4. 前向きに語り合える同僚がいること。

そうしているうちに今の職場の状況は変わり、異動しなくても仕事を楽しめるようになるはずです。

つき合いたくない同僚は、仕事のつき合いと割り切って

ネガティブ思考の同僚が愚痴をこぼしたら「また言っているな」とスルーするのが一番。また仕事のつき合いだと割り切って、距離を置くという方法もあります。それでも話しかけてくるなら「愚痴は聞きたくない」と正直な気持ちを伝えましょう。それを聞いて相手がどうするかは相手の問題です。あなたはその同僚を「嫌な人」と捉えず、あなたに「愚痴をこぼさず、前向きに仕事をすることが私の望み」と教えてくれた人として感謝できれば、ますます状況は好転していきます。

実践・引き寄せ

File 7

夫は毎晩
お酒を飲んで
愚痴ばかりこぼし、
子どもも嫌っています

人のことは変えられません
嫌な面はスルーして
いい面を認めましょう

Q

夫は毎晩お酒を飲み、延々と会社の愚痴をこぼします。中学生の子どもにそんな父親の姿を見せるのが嫌で避けていたら、子どもも反抗し始めました。それを夫は、私の責任だと言うのでまた腹が立ちます。どうしたら夫は改めてくれるのでしょう。（Nさん 48歳 女性 主婦）

Answer

夫の嫌な点は徹底的にスルーし、いい点を見つけてみる

配偶者との問題は多くの方が抱えています。大半の人はお互い好きで結婚したはずなのに、だんだん不満が出てくるわけです。あなたは「酒を飲まないで

欲しい」「愚痴をこぼさないで欲しい」と考えていますが、これは相手への要望です。でもあなたは自分以外の人の考えを変えたり、思い通りに動かしたりすることはできません。ですからあなたの見方、思考を変えるほうが手っ取り早いのです。「飲むのは嫌だけど、○○は良い」というところを探しましょう。

　酔っ払っているときはなるべくスルーして気にしないように心がけ、別の部屋に行って離れたり、ドラマや映画を見たり、お風呂に入ったりして気分転換するなどしてやりすごしましょう。

ご主人のいい面に目を向けてみよう

1. 会社から真っ直ぐ家に帰ってくるので安心だ。
2. 外で飲まないから、家計は助かっている。
3. 掃除や食器洗いもいとわずやってくれる。
4. 妻や子どもを大事にしている。

嫌な気分は早く忘れて、いい気分でかかわれる時間を持つ

また、ご主人も夜は酔っても、翌朝はしらふに戻りますよね？　そのときは普通に接してみてはどうでしょう。前日のムカムカを引きずってご主人を避けていても、改善には何の役にも立ちません。いい気分でいられる時間をつくり、それが少しずつ増えてくると、あなたのご主人への気持ちも変わってくるし、あなたが変わることで子どもたちのご主人への気持ちや態度も必ず変わります。

そして、物事を「お前のせいだ」と言われて腹が立ってしまうのは、あなたの自己肯定感が低いため。自己肯定感を高める作業（↓50ページ）をぜひやってみてください。自分を大事にし信頼できるようになれば、人が何を言おうと、たいしたことではなくなります。愛情を持って相手に接する余裕も出てくるので、ご主人にもそれが伝わって関係も変わってきますよ。

おわりに

本書を読み終えたあなたは、もう、人生を変える魔法を手にしています。願いをかなえ、やりたいことをやって、望むものは何でも引き寄せていく、そんな人生への扉を開いたことになります(「引き寄せ」について、さらに詳しくお知りになりたい方は、是非、他の書籍も併せてお読みください)。

ただ、この魔法は、実生活で実践しなければ、その効き目は表れてきません。ここからは、実生活での実践あるのみです。

また、一日やってみて終わり、では意味がありませんので、数か月の間、継続してやってみる、ということが大事です。

これからは、嫌な人に会ったら、それは、あなたの思考と気分を選択する、という大きなチャンスです。職場で嫌なことがあっても、それは、物事に対する視点を選択するという大きなチャンスです。

そのようにして、自分に注意を向け、自分の思考と気分を丁寧に選択することを習慣にしていけば、あなたの現実は、びっくりするくらい変わっていくでしょう。

たくさんの方が、自分の持っている「現実を創造する」という能力に気づき、「人生って素晴らしい」と心から言える日が来たとしたら、こんなにうれしいことはありません。

奥平　亜美衣

奥平亜美衣

さらなる「引き寄せ」の
カギを紹介する話題のブログ

LINE OFFICIAL BLOG
奥平亜美衣
オフィシャルブログ

https://lineblog.me/amyokudaira/

こちらのブログでは、
引き寄せの法則を意識的に利用して、
喜びいっぱいの人生を創るための考え方や、
誰にでもできる練習法をご紹介しています。

引き寄せの法則についての情報は
こちらのブログにもたくさん！

人生は思い通り
奥平 亜美衣　Amy Okudaira Official Blog
あなたの望みは、すべて叶います。
あなたが、今ある幸せに目を向け続ける限り。
人生を変える、具体的方法。

https://ameblo.jp/everything-is-all-right/

◆◆◆

インスタグラムのフォローもよろしくお願いします。

Instagram
@amyokudaira
https://www.instagram.com/amyokudaira/

監修者紹介
奥平 亜美衣（おくだいら・あみい）

1977年、兵庫県生まれ。お茶の水女子大学卒。大学卒業後、イギリス・ロンドンに約半年、インドネシア・バリに約4年滞在後、日本へ帰国。ごくごく普通の会社員兼主婦生活を送っていたが、2010年『アミ 小さな宇宙人』（徳間書店）に出会ったことで、スピリチュアルの世界に足を踏み入れる。その後、2012年『サラとソロモン』（ナチュラルスピリット）と出会い、「引き寄せの法則」を知る。本の内容に従って、「いい気分を選択する」という引き寄せを実践したところ、現実が激変。その経験を伝えるべくブログを立ち上げたところ、わかりやすい引き寄せブログとして評判になり、遂には出版という夢をかなえることに。初の著書『「引き寄せ」の教科書』（アルマット）はベストセラーとなり、その後も執筆依頼が殺到。現在は会社員生活に終止符を打ち、執筆業を中心に活動中。「引き寄せ」で夢をかなえ、望む人生を手に入れるということを自らの人生で体現し続けている。
ブログ：「人生は思い通り」 http://ameblo.jp/everything-is-all-right/

執筆協力　伊藤京子
本文デザイン　高木　聖（ジングラフィックス）
編　集　小池麻美（ジングラフィックス）
校　正　有限会社 玄冬書林

引《ひ》き寄《よ》せハンドブック

2015年6月10日　第1刷発行
2018年2月1日　第5刷発行
監修者　奥平　亜美衣
発行者　中村　誠
印刷所　図書印刷株式会社
製本所　図書印刷株式会社
発行所　株式会社日本文芸社
〒101-8407　東京都千代田区神田神保町1-7
（営業）03-3294-8931　（編集）03-3294-8920
URL　https://www.nihonbungeisha.co.jp/

Printed in Japan　112150526-112180111Ⓝ05
ISBN978-4-537-26117-2

編集担当：菊原